ALESSANDRO
ET
DOMENICO SCARLATTI

DU MÊME AUTEUR

La vie musicale en France au temps de la Révolution, Fayard, 1989.

Adélaïde de Place

Alessandro et Domenico
Scarlatti

Fayard

AVANT-PROPOS

Longtemps le génie d'Alessandro Scarlatti a été éclipsé par celui de son fils, Domenico. Même si Fétis dressa son portrait dans la *Revue musicale* en 1827 et inscrivit quelques-unes de ses œuvres aux programmes de ses concerts historiques dans les années 1830, Alessandro ne sortit véritablement de l'ombre que lorsque Edward Dent entreprit en 1905 de lui consacrer une étude. On peut affirmer qu'Alessandro Scarlatti, fils, frère, père et oncle de musiciens, eut le redoutable honneur d'être le père de Domenico Scarlatti et, aujourd'hui encore, les prénoms étant réunis sous un même patronyme, le nom de Scarlatti évoque immédiatement Domenico. On reconnaît en celui-ci l'un des initiateurs de la technique moderne du clavier, alors qu'Alessandro, qui joua un rôle fondamental dans le développement du langage théâtral, est considéré comme l'un des révélateurs de l'opéra et de la cantate. C'est au *cavaliere* Scarlatti que Domenico Cimarosa rend hommage dans son *Maestro di cappella, intermezzo giocoso* pour baryton-basse et orchestre. L'œuvre de celui que ses contemporains appelaient « l'Orphée italien » est si vaste que l'on en vient à imaginer que l'homme se levait le matin la plume à la main. Claude Debussy lui-même se disait fasciné par la vitalité du musicien : « Alessandro Scarlatti, fondateur de l'École napolitaine, est tout à fait stupéfiant par le nombre et la diversité des œuvres qu'il écrivit. On croit rêver quand on constate que né en 1659, il avait écrit vers 1715 plus de six cents opéras ! sans compter tout ce qui peut s'écrire en musique. – Seigneur ! que cet homme devait être doué, et où pouvait-il prendre le temps de vivre ? – [...] Je ne sais pas comment (il) trouva le temps d'avoir un fils et d'en faire un claveciniste distingué. Il est encore goûté à notre époque sous le nom de Domenico Scarlatti. »

De Domenico Scarlatti aucune source autographe ne nous est parvenue. Trente de ses quelque cinq cent cinquante-cinq sonates ont été publiées à Londres en 1738 sous le titre d'*Essercizi per gravicembalo*, mais l'ensemble resta assez méconnu jusqu'à ce que Carl Czerny en entreprenne à Vienne en 1839 la première édition « moderne » et partielle, qui aurait suscité ce singulier jugement de Robert Schumann : « Comment d'ailleurs comparer ces morceaux à l'un de nos meilleurs compositeurs, tant la forme est encore grossière, la mélodie négligée et les modulations pauvres ! » À la même époque Chopin faisait travailler à ses élèves les sonates de Scarlatti, tandis que Liszt et Alkan les inscrivaient régulièrement aux programmes de leurs concerts. Après la publication de cent cinquante-deux sonates très soigneusement revues dans la collection du « Trésor des pianistes » d'Aristide Farrenc entre 1861 et 1872, il revint à Alessandro Longo d'entamer en 1906 la première édition (presque) complète, mais trop corrigée, de l'œuvre pour clavier de Domenico Scarlatti parue en dix volumes et un supplément aux éditions Ricordi à Milan. Les sonates y sont réunies en dix suites, selon leur tonalité. En 1950, c'est le claveciniste américain Ralph Kirkpatrick qui consacra la première véritable étude à l'homme et à son œuvre, étude de référence accompagnée d'un catalogue complet des sonates présentées par paires, comme semblait l'avoir voulu Scarlatti, et selon l'ordre chronologique le plus plausible d'après les dates des diverses sources (les lettres L ou K précédant la numérotation de sonates renvoient aux catalogues de Longo et de Kirkpatrick). Récemment, Kenneth Gilbert a publié aux Éditions du

Pupitre (Heugel) une édition complète et de qualité des sonates de Scarlatti que Gabriele D'Annunzio comparait joliment à des perles éparpillées d'un collier qui se brise et dont les grains ruissellent. « On dirait des bulles précieuses de l'eau, ou bien les gouttes de la beauté ruisselante : ce sont les sonates de Domenico Scarlatti. »

La famille Scarlatti

Les XVIIe et XVIIIe siècles ont été riches en dynasties de musiciens. En Allemagne, tous les Bach, ou presque, furent musiciens de père en fils, depuis la fin du XVIe siècle, lorsque Veit, l'aïeul, meunier de son état, se piqua de jouer d'un instrument, jusqu'à Wilhelm Friedrich Ernst, petit-fils de Jean-Sébastien et musicien de la cour de Prusse, mort à Berlin en 1845. En France, on trouve trace dès 1586 d'un Mathurin Couperin, maître joueur d'instruments qui eut pour petit-fils le célèbre Louis Couperin, premier organiste de l'église Saint-Gervais à Paris en 1653, et pour petit-neveu François le Grand. Durant un siècle et demi, la famille Couperin fit son fief de la tribune de Saint-Gervais, aux orgues de laquelle elle excella jusqu'à la mort de Gervais-François, en 1826. Sa fille Céleste Couperin lui succéda brièvement et s'éteignit dans le dénuement en 1860. Elle fut la dernière des Couperin musiciens.

En Italie, la famille Scarlatti fut aussi brillante. Des six enfants de Pietro Scarlatti, l'ancêtre de la famille, père d'Alessandro, cinq furent musiciens. Melchiora épousa un membre de la Chapelle royale de Naples, mais c'est sa sœur aînée, Anna Maria, qui fit le plus parler d'elle par les dérèglements de sa conduite, fort embarrassants pour son frère, Alessandro. Francesco, né à Palerme en 1666, fut violoniste à la Chapelle royale de Naples avant d'aller chercher succès et fortune à Vienne en qualité de vice-maître de chapelle de la cour impériale. Il semble y avoir profité de la protection du maître de chapelle, Johann Josef Fux, ancien élève de Bernardo Pasquini à Rome. Installé en Angleterre après 1720, Francesco termina sa vie dans l'oubli. Son œuvre la plus fameuse, un *Miserere* à cinq voix, cordes et basse continue, est écrit dans un style aisé orné de discrètes vocalises. Quant à Tommaso, ténor renommé, il fit carrière à Naples et appartint également à la Chapelle royale.

Alessandro Scarlatti et son épouse Antonia Anzalone eurent dix enfants : trois laissèrent un nom dans la musique. Domenico était le sixième enfant du couple. Sa sœur Flaminia, douée d'un réel talent de chanteuse, vécut avec son père qui l'accompagnait volontiers au clavecin. Son frère Pietro Filippo, nommé maître de chapelle de la cathédrale d'Urbino, grâce à la recommandation d'Alessandro, termina sa carrière comme organiste de la Chapelle royale de Naples, laissant notamment un opéra, *Il Clitarco*, joué en 1728 avec succès au Théâtre San Bartolomeo. Mort à Naples en 1750, Pietro Filippo est enterré près d'Alessandro. Nul ne sait exactement quel est l'enfant d'Alessandro Scarlatti que le compositeur et musicographe anglais Charles Burney rencontra à Rome en 1770 et qu'il trouva « dans une grande indigence ».

Dans ses souvenirs sur ses voyages en Italie, le même Charles Burney mentionne un certain Giuseppe Scarlatti, qui se disait neveu du grand Domenico. Il semble plutôt avoir été un cousin de ce dernier et un neveu d'Alessandro. Actif à Rome, à Florence, à Lucques, et compositeur d'opéras, il s'installa à Vienne vers 1755, et termina sa carrière au service du prince Schwarzenberg. On lui doit une trentaine d'opéras écrits en collaboration avec d'excellents librettistes comme Carlo Goldoni et Métastase. C'est à l'occasion du mariage de l'un des enfants du prince Schwarzenberg qu'il fit jouer en 1768 un *intermezzo giocoso* à quatre personnages, *Dove e'amore e'gelosia* chanté par les membres de la famille princière. Son acte de décès indique qu'il est mort à Vienne en 1777.

Alessandro Scarlatti

Le musicien itinérant

De Palerme à Rome

C'est au sein d'une famille de musiciens qu'Alessandro Scarlatti eut le bonheur de naître à Palerme le 2 mai 1660. Il était le deuxième enfant de Pietro Scarlatti et de son épouse Eleonora d'Amato.

Le jeune Alessandro fit ses premières armes musicales dans sa ville natale. Baignée par la Méditerranée, la capitale de la Sicile, ancienne colonie romaine, arabe, normande et angevine, où se mariaient des styles architecturaux venus d'Orient et d'Occident, était alors sous la domination espagnole et rattachée au royaume d'Aragon depuis le massacre des troupes françaises de Charles d'Anjou par la population sicilienne, en 1282, épisode sanglant connu sous le nom de « Vêpres siciliennes » et musicalement évoqué par un opéra de Giuseppe Verdi. Comme d'autres villes italiennes, Palerme avait eu ses « académies » conduites par des familles patriciennes et sa Chapelle avait été animée par de grands musiciens. Sigismondo d'India y était né à la fin du XVIe siècle, qui fit carrière à Rome et à Modène en s'illustrant comme l'un des plus fameux compositeurs de madrigaux avant Monteverdi. Auteur en 1641 d'intéressantes sonates pour clavier sur l'*Ave maris stella*, Gioanpietro Del Buono y avait aussi vu le jour. Au cours du XVIIe siècle, la vie musicale sicilienne se déroula dans l'orbe de Naples et de Rome.

C'est auprès de Vincenzo d'Amato, son oncle maternel, et de Marc'Antonio Sportonio, l'une des personnalités les plus en vue de la capitale sicilienne, que le jeune Scarlatti aurait entamé ses études musicales. Nommé maître de chapelle de la cathédrale de Palerme en 1665, Vincenzo d'Amato figure parmi les derniers polyphonistes italiens : ses deux Passions, selon saint Mathieu et selon saint Jean, pour deux voix et basse continue, écrites en récitatif, ont longtemps été chantées en Sicile. Quant à Marc'Antonio Sportonio, castrat et compositeur, il est connu pour avoir introduit l'opéra à Palerme en 1655 en y faisant représenter *Giasone* de Francesco Cavalli, créé à Venise en 1649, l'un des opéras qui remporta le plus grand succès en Italie. Lui-même auteur d'opéras, Sportonio, qui servit en

France la reine Anne d'Autriche entre 1647 et 1653, avait chanté l'*Orfeo* de Luigi Rossi lors de sa création à Paris, au Palais-Royal, en 1647. Exilé en France comme son patron, le cardinal Barberini, Luigi Rossi, protégé par Mazarin, séjourna plusieurs années en France, avant de regagner Rome où il mourut en 1653.

Alessandro Scarlatti quitta probablement Palerme vers l'âge de douze ans, pour gagner Rome.

Dans ces années 1670, Rome restait l'un des plus prestigieux foyers musicaux de la péninsule italienne, l'un des centres artistiques les plus vivants et les plus féconds de l'Europe. La présence des papes donnait à la ville une importance particulière. Le jeune Arcangelo Corelli y commençait sa carrière, alors que Giacomo Carissimi et Orazio Benevoli y terminaient la leur. Girolamo Frescobaldi, mort en 1643, s'était brillamment illustré à l'orgue de la basilique Saint-Pierre, le premier orgue de la chrétienté. Alessandro Stradella, compositeur de talent mais personnage versatile, y faisait parler de lui pour sa musique autant que pour sa vie romanesque et dissolue qui allait le pousser à quitter la ville pontificale (son existence agitée inspira à Friedrich von Flotow un opéra en 1844). Bernardo Pasquini, virtuose rompu à l'art du clavier, y suivait déjà une carrière couronnée de succès : on disait que quiconque avait eu le bonheur de travailler avec lui était assuré du jeu le plus exquis. Dans le domaine de la musique religieuse, les héritiers de Palestrina qui avait régné à Rome jusqu'à sa mort en 1594, étaient encore à l'honneur, tels Stefano Landi, musicien de la famille Barberini mort en 1639, ou Gregorio Allegri, auteur d'un fameux *Miserere*, « musique des anges » composée vers 1638, que Mozart copiera plus tard malgré l'interdiction formelle du pape, et que Berlioz admirera comme « l'un de ces monuments cyclopéens de la musique sur lesquels le temps ne peut rien », tandis qu'un Alessandro Melani, maître de chapelle de Sainte-Marie Majeure et de Saint-Louis des Français, se faisait connaître par ses oratorios et ses motets, ou qu'un Francesco Foggia, « le père de la musique et de la vraie harmonie ecclésiastique », disait-on, se distinguait à Saint-Jean de Latran, puis à Sainte-Marie Majeure. Ceux-ci tenaient du Bernin le sens de la grandeur et du faste. C'est donc une vie musicale particulièrement riche que le jeune Scarlatti découvrit à Rome et à laquelle il se mêla avec bonheur, subissant l'influence de ses aînés. En 1671, l'ouverture du théâtre Tordinona, premier théâtre public de Rome inauguré par la reine Christine de Suède, mais détruit en 1697 sur ordre du pape, allait donner une grande impulsion à l'art lyrique dans une ville qui avait un goût frénétique pour l'opéra. Cet appétit de théâtre avait été encouragé par le pape Clément IX, vicaire au pontificat trop bref, mais lui-même librettiste d'opéras.

Alessandro Scarlatti travailla peut-être avec le maître de chapelle de la basilique Saint-Apollinaire du Collegio Germanico, l'un des collèges jésuites de Rome, Giacomo Carissimi, considéré comme le créateur de l'oratorio. Le vieux maître était alors au sommet de sa notoriété, et en 1681, quelques années après sa disparition, un journal français, le *Mercure galant*, écrivait qu'il « était le plus grand maître de musique que nous ayons eu depuis longtemps ». Peut-être aussi se perfectionna-t-il auprès de Francesco Foggia ou de son fils Antonio. Toujours est-il qu'il fit preuve d'une réelle précocité, puisque, à peine âgé de dix-huit ans, il épousait en 1678 la jeune Antonia Anzalone, en l'église Sant' Andrea delle Fratte, édifiée au XIIe siècle aux abords de Rome, puis reconstruite au XVe et au XVIIe siècle par Francesco Borromini : le clocher de cette église est un des derniers chefs-d'œuvre de l'artiste, achevé avant qu'il ne se donne la mort en 1667. De cette union devaient naître dix enfants. La même année, Scarlatti était nommé maître de chapelle de l'église San Giacomo degli Incurabili, attachée à l'hôpital fondé au XIVe siècle par la famille Colonna.

À Rome, Scarlatti se familiarisa avec les genres musicaux qui y étaient pratiqués : l'opéra, l'oratorio, la cantate, et différents genres de musique instrumentale. Infatigable voyageur, passant comme beaucoup de ses contemporains d'une ville italienne à l'autre, quelquefois en raison de difficultés financières dues à l'entretien de sa nombreuse famille, qui le poussèrent à aller chercher fortune là où il ne la trouva pas nécessairement, la carrière de Scarlatti se déroula entre Rome et Naples, avec de courts séjours à Florence et Venise. Ces perpétuels déplacements souvent forcés expliquent sans doute l'instabilité et le caractère indécis du compositeur, à moins qu'ils n'en soient la cause : on ne compte plus en effet les postes qu'il accepta d'abord pour les abandonner ensuite. Dans la vaste correspondance qu'il échangea avec le grand-duc Ferdinand de Toscane, l'homme lui-même s'avouait malheureux, volontiers abattu et fatigué de se battre, regrettant en quelque sorte d'avoir rencontré la notoriété et la reconnaissance de son talent mais pas la prospérité matérielle.

De Rome à Naples

C'est à Rome qu'Alessandro Scarlatti devait faire ses débuts à l'opéra. Le 8 février 1679, durant le carnaval, et malgré les avertissements du très moralisateur pape Innocent XI qui avait interdit les jeux, le théâtre et l'opéra, sauf pendant les derniers jours du carnaval, il fit jouer son premier ouvrage lyrique, *Gli Equivoci nel sembiante* sur un livret de l'abbé Domenico Filippo Contini. La représentation eut lieu au Théâtre Capranica, site fameux mais assez négligé si l'on en croit Charles de Brosses, président du parlement de Bourgogne et auteur en 1739 de *Lettres historiques et critiques sur l'Italie,* qui le fréquenta un demi-siècle plus tard : « J'étais mal assis ; il y avait une foule à étouffer ; les décorations n'étaient ni finies ni tendues ; on voyait les murailles de tous côtés, les violons ivres, les rôles mal sus, les acteurs enrhumés. » *Gli Equivoci nel sembiante* remporta un immense succès et enthousiasma la reine Christine de Suède, exilée à Rome, qui la fit jouer au Collegio Clementino devant les cardinaux. Scarlatti bénéficia aussitôt de la protection de l'ex-reine de Suède qui le nomma maître de sa chapelle. Installée dans la Ville éternelle après son abdication en 1654 et sa conversion au catholicisme, l'excentrique souveraine, libre d'esprit et de mœurs, amie des lettres et des arts autant qu'auteur d'intrigues sanglantes, y animait une vie intellectuelle et artistique d'une grande richesse. Son appui fut une aide précieuse pour le jeune Alessandro à l'époque où sa sœur Anna Maria scandalisait le clergé, et particulièrement le cardinal Vicario, par sa conduite légère et son mariage avec un homme d'église. Après s'être retirée dans un couvent sur ordre du vice-roi de Naples, Anna Maria Scarlatti épousera un riche armateur napolitain, imprésario d'opéras. C'est sans doute en hommage à sa royale protectrice qu'Alessandro Scarlatti donnera le prénom de Cristina à l'une de ses filles née en 1684.

Le 2 juin 1680, Scarlatti créa au palais Bernini son deuxième opéra, *L'Onesta negli amori*, sur un livret de Parnasso. Charles Burney, qui séjourna à Rome, se souvint : « L'année 1680 est restée mémorable aux musiciens par l'opéra *L'Onesta negl'amore* [sic] car il s'agissait de la première composition dramatique de l'élégant, profond et original compositeur, Alessandro Scarlatti, qui a suffisamment de titres pour accéder à une célébrité durable, non seulement à cause de ses nombreux opéras et de ses exquises cantates, qui sont encore autant appréciés par les curieux qu'ils l'étaient en son temps par un large public, mais aussi parce qu'il a établi la notoriété de l'école napolitaine de contrepoint, qui a été si fertile en grands musiciens. »

Scarlatti fit encore jouer à Rome plusieurs opéras, des cantates et des motets, avant de prendre en 1684 la direction de Naples. Au sein de ce centre artistique animé, l'un des grands foyers de la musique sacrée de la péninsule, le tempérament local, depuis les libertés prises par Carlo Gesualdo, se montrait plein d'invention. « Naples, écrivait le président Charles de Brosses en 1739, est la capitale du monde musicien ; c'est des séminaires nombreux où l'on élève la jeunesse en cet art que sont sortis la plupart des fameux compositeurs, Scarlatti, Leo, Vinci, le vrai dieu de la musique, les Rinaldo, Latilla et mon charmant Pergolèse. » La ville, placée sous la domination espagnole et dirigée par un vice-roi indépendant de celui de Palerme, se situait aux confins de multiples influences, romaine, espagnole, flamande. De généreux mécènes y avaient entretenu une vie musicale de qualité, mais le cœur de cette vie musicale siégeait à la Chapelle royale et dans les innombrables églises de la cité, tandis que, appelé bientôt à rayonner sur l'Europe, l'opéra napolitain se dirigeait vers son apogée. C'est au cours de son long séjour à Naples que Scarlatti allait donner quantité d'œuvres vocales profanes, comme autant de manifestations d'une épuisante floraison, et notamment : *Clearco in Nebroponte, Flavio, Il Figlio delle selve, Il Pirro e Demetrio, Gli Inganni felici.*

Lorsqu'il débarqua au royaume des Deux-Siciles, où le chant constituait l'une des principales nourritures artistiques de la population, la ville pouvait s'enorgueillir de plus de cinq cents églises, inestimables lieux d'activité pour les musiciens et chanteurs, et de plusieurs « conservatoires » ou orphelinats spécialisés dans l'éducation musicale des enfants, conservatoires qui serviront de modèle à l'École royale de chant et de déclamation et au Conservatoire de Paris, créés respectivement en 1784 et en 1795. Plus tard, Alessandro Scarlatti enseignera au conservatoire de Santa Maria di Loreto. Accompagné par son frère Francesco, nommé violoniste de la Chapelle royale, Scarlatti qui s'était installé à Naples en qualité de maître de chapelle de la cour du vice-roi, au préjudice de Francesco Provenzale, fut appelé à diriger le Théâtre San Bartolomeo, l'une des salles les plus prestigieuses de Naples ouverte en 1621, et où sera créée en 1733 *La Serva padrona* de Pergolèse. Détruite, la salle sera remplacée en 1737 par le Théâtre San Carlo, édifié à l'instigation de Charles de Bourbon, futur roi Charles III d'Espagne.

Alessandro Scarlatti, « homme admirable en (son) art et dont peu d'égaux pourront jamais écrire des opéras avec plus d'expression et de mélodie, disait un contemporain, [...] ravissait les cœurs en soulevant les passions ». Il se mêla assidûment à la vie artistique napolitaine, fréquentant notamment le peintre Francesco Solimena qui aurait réalisé son portrait. On raconte aussi qu'il aimait à recevoir ses amis en son logis les régalant d'airs chantés par sa fille Flaminia, cantatrice de talent, qu'il accompagnait au clavecin.

Quelles sont les raisons qui poussèrent Scarlatti à quitter Naples en 1702 ? Vraisemblablement des difficultés financières ou l'instabilité politique du royaume. Il gagna Florence à l'invitation de Ferdinand III de Médicis, fils du grand-duc de Toscane, et créa plusieurs ouvrages lyriques dont *Turno Aricino* sur un livret de Silvio Stampiglia, représenté sur la scène du théâtre qu'abritait la magnifique villa Pratolino érigée pour les Médicis par Bernardo Buontalenti au cœur d'un jardin enchanteur qui, en son temps, avait déjà émerveillé Montaigne. Connu pour ses jardins originaux, Buontalenti y avait installé des automates qui, dans un lacis de grottes, de statues, de labyrinthes, étaient actionnés par un ingénieux système hydraulique. Excellent claveciniste, et ami des lettres, des arts et des sciences, le duc Ferdinand aimait à diriger des opéras dans son théâtre privé. C'est à son instigation qu'à la charnière des XVIIe et XVIIIe siècles, Bartolomeo Cristofori construisit le premier pianoforte.

Une nouvelle fois, Scarlatti allait regagner Rome.

Les dernières pérégrinations

De retour à Rome, Scarlatti fut appelé à Sainte-Marie Majeure en qualité de maître de chapelle assistant. Il n'obtiendra le poste de maître de chapelle qu'en 1707, succédant à une longue lignée de musiciens, mais, assuré de la protection du tout-puissant cardinal Ottoboni, il se vit confier la direction musicale de sa chapelle privée. Descendant d'une noble famille vénitienne et neveu du pape Alexandre VIII, mais aussi librettiste et mécène distingué, le prélat conduisait l'une de ces « académies poético-littéraires » romaines où se faisaient entendre les meilleurs musiciens du temps, et parmi ceux-ci Arcangelo Corelli qui était à son service depuis de longues années. D'après le président de Brosses, peu avant sa mort, ce prélat « sans mœurs, sans crédit, débauché, ruiné, amateur des arts, grand musicien », était « fort discrédité par ses mœurs, ayant toute sa vie été grand rufian, et peu circonspect sur le décorum à cet égard. Il aime passionnément la musique et les arts [...]. Il a fait construire chez lui, pour sa musique et son plaisir, une espèce de théâtre qui lui a coûté fort cher ».

Le séjour romain fut très important pour Scarlatti, car c'est à Rome qu'en 1706, il fut reçu à l'Académie de l'Arcadie fondée après la mort de Christine de Suède selon ses principes. Créée en 1690, par un groupe d'intellectuels qui se réunissaient autrefois volontiers autour de la reine déchue, l'Académie tenait son nom de ce lieu paradisiaque de la Grèce ancienne peuplé d'un monde de nymphes et de bergers vivant dans une simplicité rustique. Ses éminents fondateurs, dans leur engagement esthétique, envisageaient la création d'une nouvelle expression artistique, et entendaient restaurer le bon goût de la poésie italienne et retourner à la simplicité et à l'élégance classiques en réaction contre les « démesures » du baroque. Scarlatti y siégea notamment aux côtés de Corelli, dont l'amitié encouragea son évolution, et de Pasquini, et selon l'usage qui voulait que chaque membre portât le nom d'un berger de l'Antiquité, il prit le pseudonyme de Terpandro, Corelli et Pasquini s'affublant des surnoms d'Arcomelo et de Protico. Le jeune Pietro Antonio Bonaventura Trapassi, connu plus tard sous le nom de Métastase, grand librettiste d'opéras, y fut reçu en 1718, à l'âge de vingt ans, avant de s'installer à Naples où il rencontra Scarlatti.

En 1707, un court séjour à Venise permit à Scarlatti de donner *Il Mitridate Eupatore, tragedia per musica* sur un livret de Girolamo Frigimelica Roberti, l'un de ses meilleurs opéras représenté, lors du carnaval, au Théâtre Grimani di San Giovanni Crisostomo, l'un des plus beaux théâtres vénitiens, où officiera Carlo Goldoni. « Le carnaval commence toujours la seconde fête de Noël, c'est-à-dire qu'alors il est permis de prendre le masque et d'ouvrir des théâtres et des brelans, avait rapporté un voyageur étranger en 1698. Alors on pousse à bout le libertinage ordinaire, on raffine sur tous les plaisirs : on y plonge jusqu'à la gorge. [...] C'est un remuement et une confusion générale. Vous diriez que tout le monde est devenu fou tout d'un coup. » Selon Serafina Gaudino, dans *Il Mitridate Eupatore*, « le compositeur a soigné la caractérisation de ses personnages dont le chant se rattache au lyrisme pergolésien annonçant le monde de Mozart ».

Pendant longtemps, Alessandro avait espéré en vain de Ferdinand de Médicis la promesse d'un poste officiel à Florence. Aussi, déçu, s'était-il tourné vers Venise, et fit-il un court séjour à Urbino où œuvrait son fils Pietro Filippo. Patrie du peintre Raphaël, Urbino fut au XVe siècle, sous le règne de Federico de Montefeltre, homme de grande culture, l'un des centres culturels les plus brillants d'Italie, et en début de siècle, la petite cité continuait à attirer des artistes venus de l'Europe entière.

Redevenu napolitain en 1713, Scarlatti connut une période brillante : l'épanouissement de son exceptionnelle puissance créatrice se manifesta dans ses nombreux succès lyriques au San Bartolomeo, mais l'avènement du pape Innocent XIII en 1721 le rappela brièvement à Rome. Il offrit au nouveau pontife une pastorale pour célébrer son entrée solennelle au Vatican, puis, ce fut en 1723 le retour définitif à Naples. « L'ombre va maintenant s'étendre sur cette majestueuse carrière, a écrit Ennemond Trillat, ce sera son ultime retour à Naples et c'est à un mélancolique solitaire que son disciple, le jeune Hasse, apportera le réconfort de sa fidèle et affectueuse admiration. La chapelle Sainte-Cécile du Monte Santo abrite son tombeau. Le cardinal Ottoboni en avait rédigé une glorieuse épitaphe. » Alessandro Scarlatti est mort le 24 octobre 1725. Il avait soixante-cinq ans. Un an auparavant, il avait eu le bonheur de revoir son fils Domenico.

L'Orphée italien

L'Église et la musique instrumentale

• L'Église

Naples sera pour Alessandro Scarlatti l'époque de l'opéra. Rome fut davantage celle de la musique religieuse, particulièrement en honneur dans la Ville éternelle, siège de la chrétienté. Au sein de sa musique sacrée riche de plus de cent cinquante titres, se distinguent oratorios, messes et motets. Comme beaucoup de ses contemporains, Scarlatti y pratique également le style sévère polyphonique de tradition palestrinienne qui répondait aux strictes exigences de l'Église, et le style concertant. Directeur de la musique de la basilique vaticane, Palestrina avait été chargé par le pape en 1577 de réviser le chant liturgique dans une mission de purification, afin d'en bannir les éléments profanes, conformément aux directives du concile de Trente. Un siècle plus tard, sous l'influence des idées nouvelles, le style baroque décoratif avait pénétré la musique religieuse, mais avec un art consommé, Scarlatti avait su raviver l'intérêt d'une tradition que l'on pouvait juger dépassée en l'animant d'un souffle expressif rehaussé de figures « modernes » utilisées avec une vraie économie de moyens.

Dans les années 1680, sa première grande œuvre religieuse la *Passio Domini Nostri Jesu Christi Secundum Johannes* ressortit au style de l'oratorio porté à son apogée par le romain Carissimi. Apparu simultanément avec l'opéra au tout début du XVIIe siècle, l'oratorio, dont les origines peuvent se confondre avec celles des mystères médiévaux, s'était peu à peu forgé au sein de l'oratoire de saint Philippe de Néri, fondateur à Rome de la congrégation de l'Oratoire qu'il avait installée en 1575 dans l'église de Santa Maria della Vallicella. Philippe de Néri y organisait de pieuses réunions où la musique qu'il considérait comme le meilleur moyen « d'exciter les âmes à la contemplation des choses célestes » tenait une large place. C'est là que fut donné en février 1600 le premier oratorio digne de ce nom, *La Rappresentazione di Anima et di Corpo... per recitar cantando* d'Emilio de Cavalieri. En 1705, Alessandro Scarlatti devait rendre hommage au saint homme en signant un oratorio, *S. Filippo Neri,* sur un livret du cardinal Pamphili, joué à Rome au Collegio Germanico.

D'origine sacrée et laïque à la fois, l'oratorio, composition vocale sur sujet religieux non destinée à la représentation théâtrale, s'apparentait à l'opéra sacré et à la cantate. Le premier oratorio de Scarlatti, *Afar et Ismaele esiliate*, composé à Rome en 1683, se distingue par son expression poétique, mais déjà dans *Il Sedecia, re di Gerrusalemme,* oratorio en deux parties achevé en 1706, s'affirme, selon Félix Raugel, « un sens tout moderne des couleurs et des possibilités expressives des divers instruments », alors que dans *La Vergine addolorata,* joué à Rome en 1717, « le lyrisme émouvant de la plainte de Marie nous donne un avant-goût du spiritualisme religieux de Jean-Sébastien Bach ». Dans chaque oratorio d'Alessandro Scarlatti, on perçoit une inspiration mélodique d'une grande spontanéité, mais aussi une émouvante sensibilité. Le compositeur s'écarte parfois de l'*aria da capo* pour revenir au style *arioso* dans un climat intimiste qui convient à l'oratorio *Il Trionfo della grazia*, sur un livret du cardinal Pamphili, ou pour mettre l'accent sur la déclamation dans l'oratorio de la Passion, sur un texte du cardinal Pietro Ottoboni, *La Colpa, il sentimento e la grazia*, exécuté lors de la semaine sainte 1708. Pleine de surprises harmoniques, cette partition resplendit d'une beauté lyrique épanouie dans un esprit presque madrigalesque. Le dernier oratorio de Scarlatti paraîtra en 1720 sous le titre de *La Gloriosa gara tra la Santità e la Sapienza.*

Si elle ressortit au genre de l'oratorio, la *Passio Domini Nostri Jesu Christi Secundum Johannes* diffère cependant des quelque trente oratorios écrits par Scarlatti : aucune illustration du baroque ici, mais une sévérité et une force dramatique contenues, pas de symphonie instrumentale, mais un prélude introductif et une narration rehaussée de quelques madrigalismes suggestifs. Cette page de jeunesse où l'auteur réalise une remarquable synthèse d'éléments archaïques et traditionnels, joint densité et sobriété entre *arioso* et chœurs. Claude Debussy admirait profondément cette œuvre : « Nous connaissons de lui une *Passion* selon saint Jean qui est un petit chef-d'œuvre de grâce primitive, où la façon d'écrire les chœurs a la couleur d'or pâle, qui cernait si joliment le profil des vierges qu'on voit aux fresques du temps. C'est beaucoup moins fatigant à entendre que *L'Or du Rhin*, et l'émotion apaisée qui s'en dégage est doucement réconfortante. »

La centaine de motets latins de Scarlatti, comme ses messes qui datent pour la plupart de sa période romaine, répondent à des esthétiques différentes et nous apportent également la preuve de sa grande facilité d'adaptation entre l'austérité du *stile antico* ou *alla Palestrina* et la vitalité du *stile moderno* concertant. Certains motets, comme *Tu es Petrus, Audi filia,* ou *Jam sole clarior* extrait des *Concerti sacri* édités à Amsterdam par Roger entre 1707 et 1708 et réunissant des motets conçus dans un style orné et décoratif, sont conçus dans l'esprit du grand motet avec solistes, chœurs et orchestre, d'autres, plus modestes, tel *Laudate pueri Dominum,* ne sont soutenus que par la basse continue, quelques-uns enfin sont strictement *a cappella.* Parmi les cinq motets pour le temps de Carême que Scarlatti destina en 1708 à la cour des Médicis, le motet *Ad te Domine* atteint à une expression presque déchirante, par contraste avec le motet *Exsultate Deo* beaucoup plus lumineux, et déjà, son *Salve Regina* pour soprano et alto, anticipe sur le beau *Stabat Mater* de Pergolèse. Dès ses mesures initiales, la *Missa ad usum Capellae Pontificae* de 1706 porte témoignage d'une saisissante intensité, alors que la *Missa di Santa Cecilia* pour solistes, chœur et orchestre, couronnement de l'œuvre religieuse de Scarlatti et chef-d'œuvre de ses dernières années, jouée à Rome en 1720, est une page concertante, remarquable, selon Carl de Nys, par « la diversité et l'alternance rapides des parties dans le dialogue presque continu entre les solistes et le chœur ».

• La musique instrumentale

Totalement différente de celle de son fils Domenico, tant par le langage que par la forme, mais requérant une virtuosité au moins égale, l'œuvre de clavier d'Alessandro Scarlatti, œuvre de haute maturité, atteint parfois à des sommets. Si elle ne fut publiée que dans la seconde partie de sa carrière, c'est que l'homme n'occupa pas de poste officiel d'organiste ou de claveciniste, comme beaucoup de ses contemporains. Plus léger que les clavecins flamands et français à deux claviers, le clavecin italien à un seul clavier et à deux jeux à l'unisson (quelquefois un troisième à l'octave), conçu en réalité comme un instrument déposé dans le riche écrin de sa caisse ornée d'éléments décoratifs, se distingue par une sonorité fine, limpide et brillante, ne permettant peut-être pas une grande variété de coloris instrumentaux. Qu'elle soit interprétée sur l'un ou l'autre de ces instruments, la musique de Scarlatti, avec son contrepoint recherché, son harmonie audacieuse et sa virtuosité chatoyante, se suffit à elle-même. Dans l'entourage du musicien, on commençait d'ailleurs déjà à douter des possibilités expressives du clavecin, et l'on ne s'étonnera donc pas que Ferdinand III de Médicis ait chargé Bartolomeo Cristofori de remédier à ces « imperfections » en construisant un nouvel instrument, le *gravecembalo col piano e forte* appelé à devenir le pianoforte, concurrent redoutable du clavecin.

Destinées à l'orgue ou au clavecin (comme le précise son titre complet, une *Toccata* en *la* majeur se jouera indifféremment sur les deux instruments : «*per organo e per il cembalo : dov'è arpeggio, sù l'organo è tenuta; e dov'è tenuta sù l'organo, sù il cembalo s'arpeggia»*), les toccatas d'Alessandro Scarlatti, avec leur liberté formelle et rythmique, leurs accents vivants et colorés, leurs lignes sinueuses, se distinguent souvent de celles de ses prédécesseurs immédiats qui construisaient des pièces libres et brillantes en un seul mouvement, traversé de rafales de traits virtuoses et improvisés. Scarlatti connaissait à n'en pas douter les techniques d'écriture de Frescobaldi, mais il privilégie d'amples formes en plusieurs épisodes, illustrations de la physionomie italienne de la suite, ancêtre de la sonate. Certains de leurs épisodes paraîtront solennels ou paisibles, avec des récitatifs largement exprimés, d'autres rayonneront de dynamisme et d'exubérance. Dans ses deux livres de toccatas (*Primo e secondo libro di toccate*), Alessandro insère une immense *Toccata* en *ré* mineur, l'un de ses chefs-d'œuvre, couronnée par des variations sur le thème de *La Follia*, ou

Partite sull'aria della Follia. D'origine portugaise, ce thème fameux issu d'une danse noble sur basse obstinée passa en Espagne (d'où son nom de *Folies d'Espagne*) pour se répandre dans toute l'Europe au point que de très nombreux musiciens l'utilisèrent : on le retrouve chez Frescobaldi, Corelli, Couperin, Lully, Vivaldi, et jusqu'à Rachmaninov et Liszt qui s'en inspira en 1863 dans sa *Rhapsodie espagnole.* Scarlatti ne se prive pas d'y insérer des frottements dissonants qui « agacent » l'oreille et fait subir au thème de multiples transformations rythmiques et mélodiques. Cette magnifique *Toccata* en *ré* mineur, qui évoque les immenses diptyques de Bach presque contemporains, enchaîne des épisodes d'une virtuosité époustouflante, une fugue et des passages en récitatifs dramatiques, *adagio* ou *cantabile appogiato* rehaussés de modulations aussi saisissantes qu'inattendues.

Sur le plan du clavier, Scarlatti se situe à la fin d'une époque. L'âge d'or du clavier italien qui avait eu en Frescobaldi son plus illustre représentant s'éteignit presque après lui : Domenico Zipoli, Azzolino Della Ciaia, Francesco Durante, Giovanni Platti, Baldassare Galuppi dit « Il Buranello », Domenico Cimarosa auront bien encore quelques mots à dire, mais comme le souligne André Pirro, « l'excès de vivacité, la recherche de l'élégance, l'appauvrissement de la polyphonie » allaient peu à peu réduire les claviers italiens au silence, à l'heure où Francesco Geminiani, Antonio Vivaldi et Giuseppe Tartini s'attachaient à mettre en valeur la virtuosité des cordes. Plus tard, Muzio Clementi quittera l'Italie pour aller chercher gloire et fortune à travers l'Europe. Les grands organistes et clavecinistes auront dorénavant nom Jean-Sébastien Bach en Allemagne, François Couperin et Jean-Philippe Rameau en France, Domenico Scarlatti en Espagne.

En 1715, Alessandro Scarlatti entreprit la composition de *Sinfonie di Concerto grosso* où la tradition du concerto grosso de Corelli côtoie des formules annonçant le style concertant à venir. Ces concertos, sauf le douzième proche de la *sonata da chiesa*, proposent une alternance d'épisodes vifs et lents, où le charme des dialogues instrumentaux, illustrés par un *concertino* varié et riche en instruments à vent, le dispute à la ferme retenue des mouvements initiaux. Ils serviront de modèle à l'école napolitaine. Quelques concertos pour flûte, mêlant fraîcheur et liberté, ont sans doute été conçus comme hommages au flûtiste allemand Johann Joachim Quantz, qui visita Scarlatti à Naples en 1724. Enfin, hormis des pièces de musique de chambre, six *Concertos in seven parts, for two violins et violoncello obligato, with two violins more a tenor end thorough bass,* soit six concertos grossos pour instruments à cordes conçus selon le moule italien, ne seront publiés à Londres qu'après la mort de leur auteur, vers 1740.

Le théâtre et la cantate

• Le théâtre

Au début du XVIIe siècle, avec l'effondrement du somptueux édifice polyphonique et dans une sorte d'élan irrésistible, deux des genres les plus représentatifs du baroque en musique, nés de la conscience musicale italienne, sont simultanément entrés dans les mœurs à Florence et à Rome : l'opéra et l'oratorio. Les bouleversements du baroque avaient trouvé en Italie l'un de leurs principaux foyers. Après que les musiciens et les poètes florentins réunis autour du comte Bardi eurent tenté de faire revivre le théâtre classique et de forger un style monodique expressif, après la création en 1594 de *Dafné* de Giulio Caccini, l'un des modèles de l'opéra, il revint au même Cacini et à Jacopo Peri de produire en 1600 ce que l'on considère comme le premier opéra digne de ce nom, *Euridice*, représenté à Florence au palais Pitti, à l'occasion du mariage du roi de France, Henri IV, et de Marie de Médicis, ouvrage qui souleva un grand enthousiasme. La même année 1600, Cavalieri donnait le premier oratorio reconnu, en appliquant les mêmes techniques, mais c'est avec Monteverdi, auteur d'*Orfeo* créé en 1607, que le genre lyrique trouva son premier maître. Les ouvrages de Monteverdi ont inauguré les véritables débuts de l'art lyrique, l'un des fruits les plus fascinants du baroque. Ses successeurs jouèrent un rôle considérable dans l'histoire de l'opéra, et parmi ceux-ci Luigi Rossi, Antonio Cesti, Alessandro Stradella, Francesco Cavalli, champion du Théâtre San Cassiano de Venise, le premier théâtre public payant ouvert en 1637, point de départ d'une longue période de floraison de l'opéra vénitien qui s'égayera dans les livrets de Carlo Goldoni, jusqu'à Domenico Cimarosa, virtuose de l'opéra bouffe. De Rome qui ferma ses théâtres publics au début du XVIIIe siècle, par décret papal, et de Venise, l'art lyrique se transporta à Naples appelé à devenir le centre de l'opéra qui dominera les scènes européennes. Francesco Provenzale, puis Alessandro Scarlatti furent les initiateurs de l'opéra napolitain.

L'organisation usuelle de la plupart des opéras d'Alessandro Scarlatti répond au schéma : *sinfonia* d'ouverture, *recitativo secco* et *aria da capo*. On attribue souvent à tort au maître napolitain la seule paternité de l'*aria da capo* en trois épisodes (exposition d'un thème principal, développement autour d'idées secondaires et reprise, le plus souvent ornée, du thème principal), que Carissimi avait déjà mis en pratique avec naturel. Force est toutefois de reconnaître que c'est bien Scarlatti qui, se fondant sur le charme de la voix humaine, en définit les structures et en perfectionna la forme. L'*aria da capo* offrait aux meilleurs chanteurs, et particulièrement aux castrats, l'occasion de faire valoir leur dextérité vocale, prélude à ce que l'on nommera *bel canto* : traits, trémolos, trilles, gruppetti, coloratures, mélismes s'y enchaînaient alors pour la plus grande jubilation d'un public ivre d'enthousiasme. « Maître de la couleur », selon Ennemond Trillat, Scarlatti insère dans *Mitridate Eupatore*, tragédie en cinq actes sur un livret de Roberti, jouée à Venise en 1707, des airs d'une splendeur toute classique et d'un lyrisme remarquable rehaussé par un art prodigieux de l'ornementation. Plein de vivacité et d'humour, *Il Trionfo dell'onore*, opéra composé à Naples en 1718, annonce presque Rossini par ses dessins mélodiques brillants et subtils, et son étroite corrélation entre paroles et musique, quant à l'opéra *La Griselda*, dernier opéra de Scarlatti, joué en 1721 au Théâtre Capranica de Rome, il renferme des arias d'une séduction lyrique qui, déjà, préfigure l'art de Mozart. Là, l'orchestre revêt une importance particulière car, entre-temps, le compositeur, émancipant la voix des instruments, a considérablement enrichi l'écriture instrumentale de ses opéras pour confier à l'orchestre un rôle essentiel et nouveau, dans l'accompagnement des airs et dans les ritournelles. Cet aspect est particulièrement vivant dans l'un de ses opéras les plus connus, *Tigrane*, représenté en 1715 au Théâtre San Bartolomeo de Naples, où les vents mêlent leurs voix aux cordes, et dans *Il Ciro*, sur un livet de Pietro Ottoboni, opéra exécuté à Rome lors du carnaval de 1712, où une danse des furies et une marche religieuse anticipent, selon Romain Rolland, sur l'art de Gluck.

De même, le nom d'Alessandro Scarlatti reste associé à l'épanouissement de l'ouverture à l'italienne, ou *sinfonia*, dont il jeta les bases et qui deviendra le modèle de l'ouverture de l'opéra italien au XVIIIe siècle. Prenant le contre-pied de Lully qui avait fixé le cadre de l'ouverture à la française en trois parties, grave, fugato et grave, Scarlatti imagina l'ouverture à l'italienne, également de forme tripartite, mais où deux mouvements vifs encadraient un épisode lent. Lorsque cette ouverture, ou *sinfonia*, se libérera de l'œuvre lyrique à laquelle elle était liée, elle deviendra autonome pour former la symphonie.

Dès ses débuts dans le domaine de l'opéra, Scarlatti sut monter ses qualités dramatiques par l'utilisation d'harmonies riches et expressives, souvent audacieuses. Dans son ouvrage théorique *Regole per principianti* destiné à l'enseignement de l'accompagnement d'après la basse continue, il avouait lui-même savourer ces hardiesses harmoniques qui, écrivait-il, « sonnaient bien ». Le compositeur allemand Johann Adolf Hasse, son élève, reconnut d'ailleurs en lui « le plus grand harmoniste de l'Italie, c'est-à-dire du monde entier ».

Pour les livrets de ses opéras, Scarlatti a fait appel aux illustres cardinaux qui l'entourèrent et l'assurèrent de leur protection, mais aussi à des brillants poètes de cour, tels Apostolo Zeno, grand connaisseur de la tragédie française, réformateur du livret d'opéra et initiateur de la tradition du chœur final dans l'opéra, et Silvio Stampiglia, l'un des créateurs de l'Académie de l'Arcadie où il siégeait sous le pseudonyme de Palemone Licurio : tous deux travaillant à créer des personnages plus profonds et plus crédibles. Apostolo Zeno fut l'un des fondateurs en 1710 du *Giornale letterati d'Italia*, journal dans lequel parut en 1711 un article enthousiaste de

Scipione Maffei décrivant le nouveau *gravecembalo col piano e forte* de Bartolomeo Cristofori.

Jusqu'à la fin du XIXe siècle, la musique italienne restera presque tout entière dominée par l'opéra qui colonisa toute l'Europe. On peut même affirmer qu'après Alessandro Scarlatti, avec Johann Adolf Hasse et Georg Friedrich Haendel, formé entre Rome et Naples, l'opéra italien devint européen, mais il revint à Alessandro Scarlatti d'avoir synthétisé toute l'école napolitaine d'opéra et scellé la transition entre la Renaissance et le XVIIIe siècle classique.

• La cantate

« Les sonates nous viennent d'Italie, ainsi que les cantates, écrivait en 1754 le Français Pierre-Louis d'Aquin, fils de Claude Daquin, et il serait ridicule de ne pas avouer que les Italiens sont nos maîtres en ce genre. » La cantate profane, née en quelque sorte du madrigal, fut, selon Émile Vuillermoz, « un champ d'expérience pour l'enchaînement adroit des récits et des airs, un "banc d'essai" pour les conquêtes harmoniques et les effets lyriques dont l'opéra saura tirer parti ». Romain Rolland a souligné que la cantate répondait aux besoins exprimés par des musiciens désireux de dramatiser jusqu'aux formes de la musique de concert. Travaillant à rendre le récitatif plus mélodique, Monteverdi avait été un précurseur avec la remarquable intensité dramatique de son *Combat de Tancrède et Clorinde,* issu en 1638 de son huitième livre de *Madrigali guerrieri e amorosi* dont la préface résume presque à elle seule toute la poétique musicale de son auteur. Pour Henry Prunières cette œuvre magnifique annonce les tournures poétiques et musicales des cantates à plusieurs voix de Carissimi et de ses successeurs.

Le madrigal était une forme raffinée, délicate, voire savante, où le musicien souscrivait aux commentaires du texte poétique ; la cantate, dite parfois *scena di camera,* se fera plus légère et spirituelle : destinée à une petite formation et à quelques solistes (ou à une voix), elle se distingue par son alternance d'airs et de récitatifs. Avec Luigi Rossi et Giacomo Carissimi, la forme commença à atteindre un haut degré de perfection. Contemporain et assistant de Monteverdi à Saint-Marc de Venise, puis maître de chapelle de la cathédrale de Ferrare et de Sainte-Marie Majeure à Rome, Alessandro Grandi aurait été l'un des premiers à utiliser le mot « cantate » dans ses livres de *Cantate e arie* publiés vers 1620, puis, entre autres musiciens, Antonio Cesti et Alessandro Stradella, qui poussa la virtuosité jusqu'aux limites des possibilités vocales de l'interprète, joueront dans son développement un rôle essentiel. Encore une fois, Alessandro Scarlatti, qui écrivit des cantates tout au long de sa carrière, s'affirma comme le grand initiateur et le réformateur de ce genre. Dans ses quelque sept cents cantates de chambre pour une voix soliste et basse continue, celle-ci évolue comme un vrai partenaire de la voix, et il conçoit ses cantates et ses sérénades à deux voix, où les personnages s'affrontent dans une succession de récitatifs, d'*arias da capo* et de duos, comme de véritables petits opéras ou concertos de salon, à mi-chemin entre musique de chambre et théâtre. Cédant au charme de textes poétiques délicats, quelquefois teintés d'ironie, il se forge un langage bien à lui, usant d'une écriture élégante, de frottements harmoniques, multipliant les dissonances et les retards, et soulignant chaque air de ritournelles instrumentales confiées aux cordes soutenues par la basse continue, avec un violoncelle à la virtuosité dégagée de tous les stéréotypes. On sent là combien grande fut chez Scarlatti l'influence de la technique raffinée des grands violonistes qu'il côtoya à Rome, et le premier d'entre eux, Arcangelo Corelli.

Ces cantates interprétées dans les palais des grands mécènes ou devant le public de choix de quelque académie, chantaient le plus souvent l'amour, ses indécisions et ses délices, ses langueurs et ses élans. Alessandro Scarlatti eut des successeurs, non seulement à Rome et à Naples, mais aussi en Allemagne. Dans leurs cantates Haendel et Hasse sauront se souvenir de l'apport « scarlattien ». Formé en Italie auprès d'Alessandro, Johann Adolf Hasse, qui signait facilement « Giovanni Adolfo Hasse », absorba le style musical napolitain. « Cette musique qui chante sans phraséologie », selon Ennemond Trillat, et qui eut une grande influence sur le monde lyrique, aurait été, dit-on, le solfège des castrats.

*

« Ci-gît le chevalier Alessandro Scarlatti, homme qui se distingua par sa modération, sa bienfaisance et sa piété, le plus grand novateur de la musique, qui, après avoir adouci les solides mesures des anciens avec une nouvelle et merveilleuse délicatesse, enleva à l'Antiquité sa gloire et à la postérité tout espoir de l'imiter. Cher entre tous aux nobles et aux rois, il mourut dans sa soixante-sixième année le 24 octobre, pour la plus grande désolation de l'Italie. La mort ne connaît pas de consolation. » Telle est l'épitaphe du cardinal Ottoboni gravée sur la tombe d'Alessandro Scarlatti.

Domenico Scarlatti

L'envol de l'aigle

Quelle heureuse année que 1685 qui vit naître trois des plus grandes figures de l'histoire de la musique occidentale : Bach, Haendel et Domenico Scarlatti.

L'Italie

Sixième enfant d'Alessandro Scarlatti et de son épouse Antonia, Domenico Scarlatti est né le 26 octobre 1685, à Naples où son père avait été nommé l'année précédente directeur de la musique de la Chapelle royale.

Il est facile d'imaginer qu'au sein de la tribu Scarlatti, l'enfance du jeune Domenico fut baignée de musique, et que c'est auprès de son père qu'il commença à apprendre son métier de musicien, profitant donc d'une formation exceptionnelle. Alessandro transmit à son fils le talent familial; Domenico devait y ajouter l'étincelle du génie. Peut-être fréquenta-t-il l'un des quatre conservatoires de Naples, celui de Santa Maria di Loreto où Alessandro enseigna brièvement. Quoi qu'il en soit, le jeune homme témoigna de dons très précoces, car le 13 septembre 1701, quelques semaines avant son seizième anniversaire, il était nommé organiste et compositeur de la Chapelle royale. Eut-il vraiment le temps d'y faire ses preuves ? Rien ne vient le confirmer car il ne nous reste aucune de ses premières compositions pour orgue. Déjà, l'année suivante, Alessandro Scarlatti sollicitait des autorités de la ville un congé pour rejoindre Florence, accompagné de Domenico, dans l'espoir de décrocher à la cour de Toscane un poste officiel pour lui ou pour son fils. Il est intéressant de noter que Domenico Scarlatti séjourna dans la capitale toscane précisément à l'époque où le facteur Bartolomeo Cristofori, à l'instigation du prince Ferdinand de Médicis, travaillait à la construction de son *gravecembalo col piano et forte*. On sait que l'infante Maria Barbara du Portugal, remarquable virtuose qui sera plus tard l'élève de Domenico Scarlatti, possédait plusieurs pianoforte d'origine italienne, dont un piano de Giovanni Ferrini, disciple de Cristofori. Alessandro Scarlatti n'obtenant rien d'officiel du grand-duc de Toscane avec lequel il échangea pourtant une longue et intéressante correspondance, prit le chemin de Rome escorté par son fils. Entre-temps, Domenico Scarlatti, espérant sans doute conquérir le poste laissé vacant par son père, avait fait jouer Naples en 1703 et 1704, ses premiers opéras, œuvres somme toute assez conventionnelles, *Ottavia restituita al trono* et *Irene*, représentés au Théâtre San Bartolomeo, et *Il Giustino*, donné au palais royal, et on se plaît à imaginer les membres de la famille Scarlatti participant au spectacle, sur la scène ou dans l'orchestre. L'oncle de Domenico, Tommaso, chanta d'ailleurs le rôle titre d'*Il Giustino.*

En 1705, Alessandro Scarlatti, jugeant que son fils n'avait rien retiré de bon de son bref séjour à Rome, l'envoya à Venise via Florence, et dans une fameuse lettre adressée au duc Ferdinand de Médicis, il en expliquait les raisons : « Je l'ai éloigné par la force de Naples, où, bien qu'il eût de la place pour son talent, son talent n'était pas à sa juste place. Je veux l'enlever à Rome tout de même, car à Rome il n'y a aucun refuge pour la musique, qui vit ici de mendicité. Mon fils est un aigle dont les ailes ont poussé. Il ne faut pas qu'il reste au nid à ne rien faire et, moi, je ne dois pas l'empêcher de voler. » C'est en compagnie du castrat napolitain Nicolo Grimaldi, dit Nicolino ou Nicolini, que l'« aigle » débarqua à Venise et c'est dans la Cité des doges que l'aiglon commença à battre des ailes. La Sérénissime république qui vivait ses dernières heures de faste, avait occupé depuis longtemps une place de premier plan dans l'histoire musicale de la péninsule. Le goût immodéré des Vénitiens pour les fêtes et les carnavals qui faisaient rêver l'Europe entière, leur sérénité heureuse, la position géographique exceptionnelle de la Cité des doges et sa magnificence, tout avait fait de cette ville prospère et orgueilleuse l'un des lieux privilégiés pour les musiciens et les artistes. Venise, ce fut la ville des Bellini, des Vivarini, de Carpaccio, narrateur imaginatif, du Titien, du Tintoret, de Véronèse. Dans le domaine de la musique, la rencontre du monde italien et du monde franco-flamand, en la personne d'Andrien Willaert, premier grand maître de chapelle de Saint-Marc et artisan de cette technique d'écriture à double chœur, ou *cori spezzati,* si bien mise en valeur par la disposition en croix grecque des tribunes de la basilique, avait entraîné la musique italienne vers une profonde mutation. À Venise, la musique était presque une exigence, au point de devenir « un affolement inconcevable », disait Charles Burney. Depuis 1613, Claudio Monteverdi avait régné sur Saint-Marc, y vivant les années les plus heureuses et les plus fécondes de sa carrière, et c'est à Venise qu'il publia ses neuf livres de madrigaux. Sans doute Domenico Scarlatti se mêla-t-il aussi au public du Théâtre San Cassiano, du San Giovanni e Paolo, du San Mosè ou du San Angelo, où Antonio Vivaldi fit ses débuts de musicien de théâtre et d'imprésario, tous propriétés de grandes familles patriciennes. Les représentations s'y déroulaient dans un climat particulier dont aucun spectateur d'aujourd'hui ne peut avoir idée. Dans ces théâtres où, selon le président de Brosses, le parterre n'était « guère peuplé que par la canaille », et où les prêtres se rendaient, seuls ou accompagnés, on s'invectivait de loge en loge, on ponctuait les entrées et sorties des artistes par des sifflets ou des cris d'animaux, on criait d'admiration devant les effets spéciaux les plus inventifs, et sur scène, il arrivait même qu'on en vienne aux mains. Dans les loges, pendant la représentation, lorsqu'on ne jouait pas aux cartes, on faisait bombance; la circulation dans les couloirs était incessante et le bruit souvent insupportable. Le silence ne se faisait dans la salle que lorsqu'un grand castrat ou la « prima donna », attractions principales du spectacle, attaquait son air de bravoure. Un siècle plus tard, la situation n'avait guère évolué et le musicien français Auguste-Louis Blondeau s'étonnait encore de ces libertés : « Aussi, va-t-on au spectacle le plus souvent sans toilette, et pour ainsi dire en robe de chambre. On reçoit ses visites, on joue, on soupe : alors on ferme les rideaux (des loges) et l'on allume des bougies dans l'intérieur, ou bien on cause d'affaires tout haut, ou d'amour tout bas, et l'on rentre chez soi souvent sans avoir entendu un mot de ce qui s'est dit sur le théâtre. »

La Sérénissime entretenait « des concerts de musique extraordinairement beaux », s'enthousiasmait un voyageur, et particulièrement ceux offerts par les jeunes élèves de ces conservatoires vénitiens, ou *ospedali*, dont l'un des plus fameux, celui de la *Pietà*, comptait parmi ses professeurs un certain Antonio Vivaldi. Au sein de l'enseignement qui y était dispensé, la musique occupait une place dominante. Jean-Jacques Rousseau qui visita ces établissements a laissé ce témoignage : « Une musique à mon gré bien supérieure à celle des opéras, et qui n'est pas semblable en Italie ni dans le reste du monde, est celle des "scuole". Les "scuole" sont des maisons de charité établies pour donner l'éducation à des jeunes filles sans bien, et que la république dote ensuite, soit pour le mariage, soit pour le cloître. Parmi les talents qu'on cultive dans ces jeunes filles, la musique est au premier rang. Tous les dimanches à l'église de chacune des quatre "scuole", on a durant les vêpres des motets à grand chœur et grand orchestre composés et dirigés par les plus grands maîtres de l'Italie, exécutés dans les tribunes grillées, uniquement par des filles dont la plus vieille n'a pas vingt ans. Je n'ai l'idée de rien d'aussi voluptueux, d'aussi touchant que cette musique. [...] L'église était toujours pleine d'amateurs : les acteurs mêmes de l'opéra venaient se former au vrai goût du chant sur ces excellents modèles. »

À la *Pietà*, Domenico croisa le *maestro di coro*, Francesco Gasparini, ami de son père, grand compositeur d'opéras, ancien élève de Giovanni Legrenzi et ancien membre de l'orchestre du cardinal Pamphili à Rome. Gasparini comptera parmi ses disciples l'Allemand Johann Joachim Quantz, futur maître de flûte du roi Frédéric II de Prusse. Selon Ralph Kirkpatrick, il est probable que le jeune Scarlatti « ait bénéficié de critiques sur ses propres compositions et qu'il ait fait avec Gasparini une espèce d'apprentissage de la musique d'église et de la musique de scène, comme un prolongement et un élargissement de la formation que lui avait déjà donnée son père ». Cet « élargissement » est d'autant plus intéressant que Gasparini publia en 1708 à Venise un court traité de basse continue destiné aux commençants, *L'Armonico pratico al cimbalo,* dans lequel il recommande l'étude de l'œuvre de Frescobaldi et aborde notamment la question des *acciacature,* ces « ornements » qui joueront un si grand rôle dans la musique de clavecin de Domenico Scarlatti.

À Venise, Scarlatti se lia également d'amitié avec un musicien irlandais, Thomas Roseingrave. Né en 1688, ce fils de l'organiste de la cathédrale de Winchester était depuis peu établi en Italie pour y parfaire ses études musicales. Selon Charles Burney, Roseingrave fut si ébloui par le jeu de Domenico sur le clavecin et par les effets qu'il en tirait que, par modestie, il n'osa plus toucher un instrument pendant un mois. Il n'en devint pas moins un ami « intime du jeune Scarlatti qu'il suivit à Rome et à Naples, le quittant à peine pendant tout son séjour en Italie ». De retour en Grande-Bretagne en 1713, l'Irlandais jouera un grand rôle pour la promotion de l'œuvre de Scarlatti outre-Manche. Affecté par la fidélité douteuse de sa femme, Roseingrave aurait sombré dans une profonde dépression à la fin de sa vie : il est mort à Dublin en 1766, honoré comme « un musicien très célèbre et un homme accompli ».

C'est encore dans la Cité des doges que Domenico croisa le chemin de Georg Friedrich Haendel, son exact contemporain. Le Saxon circulait en Italie depuis 1706, fréquentant les principaux foyers musicaux de la péninsule. Plus tard, à Rome, une joute musicale, demeurée célèbre, opposera les deux jeunes musiciens sous l'égide du cardinal Ottoboni, chacun se produisant simultanément à l'orgue et au clavecin.

Selon la tradition, Scarlatti serait sorti vainqueur au clavecin, et Haendel à l'orgue. Ils ne devaient plus jamais se rencontrer, mais on dit que Scarlatti ne pouvait entendre prononcer le nom de Haendel sans se signer. Dans le domaine du clavecin, tous deux prendront une orientation en tout point différente, Haendel restant fidèle à la suite, Scarlatti privilégiant la sonate.

En 1709, quittant Venise, Domenico Scarlatti émigra sous d'autres cieux. Le voilà de nouveau à Rome où il devint l'un des familiers de la demeure du cardinal Ottoboni qui, selon un chroniqueur, offrait à ses hôtes d'excellents concerts, les régalait de délicates liqueurs, et gardait « sous sa paie les meilleurs musiciens et exécutants de Rome, et, entre autres, le célèbre Arcangelo Corelli ». Celui-ci jouissait alors d'un renom qui dépassait les frontières, et l'on admirait avec quel art il avait réussi dans sa musique instrumentale à unir l'ancien style polyphonique, que l'on utilisait encore à l'église, et la monodie accompagnée influencée par l'opéra, genre qu'il ne pratiqua pas.

Contrairement à son père, Domenico Scarlatti ne fut pas reçu à l'Académie romaine de l'Arcadie fondée selon les principes de la reine Christine de Suède. En revanche, il profita de la protection de la reine Marie Casimire de Pologne, elle aussi exilée à Rome depuis 1699.

Dans la Ville éternelle où elle fut reçue à l'Académie de l'Arcadie, elle réunit autour d'elle une cour d'artistes et d'intellectuels sur le modèle de celle de la reine de Suède. Alessandro Scarlatti avait écrit pour Marie Casimire, son fils Domenico entra à son service : sur le théâtre de dimensions modestes du palais Zuccari, il fit jouer, entre 1710 et 1714, sept opéras, *Silvia, Tolomeo Alessandro, Orlando, Tetide in Sciro, Ifigenia in Auri, Ifigenia in Tauri* et *Amor d'un ombra, e Gelosia d'un aura*, avec la collaboration du librettiste Carlo Sigismondo Capece et du scénographe Filippo Juvarra, personnalité remarquable de l'architecture italienne du XVIIIe siècle, qu'il retrouvera plus tard à Lisbonne, puis à Madrid. Les extraordinaires dessins réalisés à ces occasions par Juvarra représentent quelques-unes des plus hautes expressions de l'art du décor de théâtre au XVIIIe siècle.

En 1714, l'ex-reine de Pologne, en proie à des difficultés financières, décidait de quitter l'Italie en grande pompe et de rentrer en France pour s'installer à Blois.

Marie Casimire ayant déserté Rome, Domenico Scarlatti se tourna vers le Vatican. En 1713, à la mort Paolo Lorenzani, maître de chapelle de la Chapelle Giulia et ancien surintendant de la Musique de la reine de France, Marie-Thérèse, épouse de Louis XIV, entre 1679 et 1683, un nouveau maître de chapelle avait été nommé, Tommaso Bai, qui appela Scarlatti pour l'assister sous la coupole de la basilique Saint-Pierre, à l'ombre des colonnades du Bernin. Parmi les œuvres de Bai, musicien un peu oublié aujourd'hui, figure un *Miserere* à cinq voix, d'un style très élevé, que l'on chanta longtemps dans la basilique vaticane concurremment avec celui d'Allegri. Avec force détails, Félix Mendelssohn rapporta l'avoir entendu à Rome en 1831. C'est sans doute dans le cadre de ses activités à la Chapelle Giulia que Scarlatti composa deux *Miserere* conçus dans l'ancien style *a cappella*, et un magnifique et vaste *Stabat Mater* à dix voix dont l'écriture contrapuntique et harmonique est digne des plus grands maîtres allemands de l'époque. L'auteur y témoigne d'une parfaite maîtrise de la technique polyphonique.

Toujours dans ces années, Domenico Scarlatti fut engagé en qualité de maître de chapelle de l'ambassadeur du Portugal auprès du Vatican, le marquis de Fontes, ce qui lui valut de célébrer en musique la naissance du prince héritier du Portugal, en 1714. Sans le soupçonner, Scarlatti entamait une longue carrière auprès de la famille royale du Portugal qui devait le conduire bientôt à Lisbonne, puis à Madrid : désormais, son sort sera lié à la Maison de Bragance. On peut juger de la magnificence de l'ambassadeur portugais par la richesse de ses trois carrosses conservés aujourd'hui à Lisbonne, trois voitures d'un luxe inimaginable, surchargées de dorures et d'imposantes et magnifiques sculptures évoquant notamment les découvertes portugaises.

Les opéras écrits pour la reine Marie Casimire avaient été représentés dans le petit théâtre privé de l'ex-souveraine. Avec *Ambleto,* très lointaine adaptation de l'*Hamlet* de Shakespeare, joué au Théâtre Capranica durant le carnaval de 1717, Domenico Scarlatti faisait ses débuts publics dans le domaine lyrique, en une ville où le théâtre était une véritable passion. « Le nombre et la grandeur des théâtres en Italie, sont une marque du goût de la nation pour ce genre d'amusement, écrivait Charles de Brosses. Les villes ordinaires en ont de plus beaux que ceux de Paris. Dans les grandes villes, comme Milan, Naples, Rome, etc., ils sont tout à fait vastes et magnifiques, construits d'une architecture belle noble et bien ornée. » On connaît pourtant les rapports conflictuels qu'entretenaient l'Église et le théâtre, attisés par des cardinaux librettistes et mécènes et des papes réformateurs sévères, souvent hostiles aux spectacles et divertissements. À côté d'*Ambleto*, le programme prévoyait un intermezzo, *La Dirindina*, sorte de satire des castrats dans le genre du *Teatro alla moda* que Benedetto Marcello publiera en 1720 et dans lequel, sous le couvert de conseils donnés aux musiciens et imprésarios, l'auteur éreintera les artistes et, sans le citer, Antonio Vivaldi, qui imposait sa loi à Venise et au Théâtre San Angelo. La musique de cet intermède bouffe, finalement retiré de l'affiche au dernier moment, est vive et spirituelle. Le dernier opéra italien de Scarlatti, *Berenice regina di Egitto*, écrit en collaboration avec Nicolo Porpora, fut donné au Capranica de Rome en 1718.

L'année suivante, Domenico Scarlatti quittait le Vatican. Certains prétendent qu'il se serait rendu en Angleterre, et jusqu'à Dublin, ce qui n'a jamais pu être prouvé, même si son opéra *Narciso*, adaptation de l'*Amor d'un ombra e gelosia d'un aura*, fut joué à Londres, le 30 mai 1720, sous la direction de Thomas Roseingrave. Pour Ralph Kirkpatrick cependant, « il est peu vraisemblable, mais non tout à fait impossible, étant donné les dates où il était certainement à Lisbonne, que Domenico ait été à Londres pour la représentation de son *Narciso* ».

Le Portugal

On ne sait pas à quelle date exacte Scarlatti prit le chemin du Portugal où on le trouve en 1720. Arrivé à la moitié de sa vie et à la moitié de sa carrière, il n'était alors rien de plus « qu'un bon musicien cultivé, le fils d'un illustre père », un maître de chapelle respectable qui, pour Albert Seay, « n'avait rien accompli d'exceptionnel ; ses douze opéras ne montraient presque rien du talent qui allait se révéler dans ses dernières années. Certes, en tant que virtuose, sa renommée était grande : n'avait-il pas été reconnu comme le meilleur claveciniste d'Europe, lors du célèbre concours organisé en 1709 par le cardinal Ottoboni, tandis que son rival Haendel se voyait décerner le titre de meilleur organiste ? » Scarlatti n'était donc à l'époque qu'un compositeur honorable, appartenant à toutes les disciplines et obéissant à ses obligations professionnelles, à l'église, au théâtre et au concert.

Le roi Jean V, dit « le Magnifique », homme cultivé et raffiné, mais d'une piété ostentatoire tournée en dérision par Frédéric II de Prusse, avait su redonner à la cour du Portugal, où le style étranger était fort apprécié, grandeur et éclat, ceux de son âge d'or. Sa chapelle qui comptait dans ses rangs plus de vingt chanteurs italiens, était en partie animée par des musiciens de la péninsule, ainsi que par quelques artistes allemands et français, et Domenico Scarlatti y trouva sa place, qui continua à composer dans le style traditionnel *a cappella* encore mis en pratique par tous les compositeurs de musique religieuse. Amateur de musique, grâce à son épouse, fille de l'empereur Léopold Ier, et à sa mère, princesse allemande, le souverain connaissait la musique de tradition germanique, tout autant que l'opéra italien. Très soutenu par le roi, l'enseignement musical s'était développé, notamment avec la fondation en 1713 du Seminario da Patriarcal. Giovanni Giorgi qui fut maître de chapelle de Saint-Jean de Latran à Rome, puis *mestre de capela* à la cour de Lisbonne, dirigeait l'école du Couvent de Santa Catarina de Ribamar, alors qu'Alessandro Paghetti présidait aux destinées de l'opéra de Lisbonne. C'est cette vie musicale imprégnée d'italianisme que Domenico Scarlatti découvrit, et sa notoriété naissante lui attira des élèves, dont l'un des meilleurs, Carlos Seixas, virtuose du clavier, sera organiste de la Chapelle royale de Lisbonne et auteur de sonates remarquables en deux ou trois mouvements, inévitablement inspirées par le style de son maître. Malheureusement, une partie de la musique de ce compositeur a disparu, comme tant d'autres, pendant le tremblement de terre qui détruisit Lisbonne en 1755.

Domenico Scarlatti se vit chargé par le roi Jean V de superviser l'éducation musicale de don Antonio, son frère cadet, excellent claveciniste, et celle de l'infante Maria Barbara, sa fille née en 1711, dont le talent naissant paraissait plein de promesses.

Le séjour de Scarlatti dans la péninsule ibérique fut interrompu en 1724, date d'un retour en Italie, où il eut le bonheur de revoir son père quelques mois avant sa mort. C'est à Rome, le 15 mai 1728, qu'âgé de quarante-deux ans, il épousa Maria Catalina Gentili, de vingt-six ans sa cadette, avec laquelle il aura cinq enfants, mais, en 1725, lui était parvenue la nouvelle des fiançailles de sa royale élève Maria Barbara avec Ferdinand, héritier du trône d'Espagne. Rappelé auprès de la princesse, Domenico Scarlatti assista au début de 1729 au mariage royal, prétexte à de grandes réjouissances, et accompagna vers sa nouvelle patrie la future reine d'Espagne qui, dans les larmes, quittait définitivement son pays natal. Accablée par la tristesse de ce départ imposé, Maria Barbara trouva pourtant une consolation dans la présence à ses côtés de son maître de clavecin à qui l'unissait une réelle et sincère amitié, amitié à laquelle seule la mort du musicien mettra un terme vingt-huit ans plus tard. Femme assez laide mais d'une rare intelligence, remarquable claveciniste et compositrice, Maria Barbara eut le bonheur de trouver en son mari, de deux ans son cadet, un homme doux aux qualités humaines reconnues, également amateur de musique, qui disait-on, n'eut au long de sa vie que trois passions, son père, sa femme et son frère Luis, dit « Luisillo », jeune roi de dix-sept ans qui, après l'abdication de son père Philippe V, était monté sur le trône en 1724 sous le nom de Luis Ier. Adoré par le peuple espagnol, le jeune souverain mourut, le 31 août 1724, après seulement sept mois de règne, terrassé par la petite vérole. La mort inattendue de son fils et la jeunesse de son fils cadet, Ferdinand, âgé de onze ans, avaient obligé Philippe V à remonter sur le trône.

L'Espagne

Lors de l'installation de Scarlatti à Madrid, Philippe V, prince français, petit-fils de Louis XIV et ancien duc d'Anjou, régnait depuis bientôt trente ans sur le trône d'Espagne. De ses deux mariages, avec Louise de Savoie, morte en 1714, et avec Élisabeth Farnèse, il avait eu onze enfants. Ferdinand, époux de Maria Barbara, né en 1713, était le fils de Louise de Savoie. Mariée très jeune, la reine Louise, femme de caractère, avait été respectée et aimée de son peuple. L'ambassadeur de France en Espagne nous laisse pourtant un témoignage assez contraire, semble-t-il, à la réalité : « La reine a de l'esprit au-dessus d'une personne de son âge. Elle est fière, superbe, dissimulée, indéchiffrable, hautaine, ne pardonnant jamais. Elle n'aime, à seize ans, ni la musique, ni la comédie, ni la conversation, ni la promenade, ni la chasse, en un mot aucun des amusements d'une personne de son âge. »

La cour d'Espagne où pénétrait Domenico Scarlatti n'était peut-être pas aussi austère qu'elle l'avait été, mais la maladie nerveuse du roi Philippe V en rendait l'atmosphère pesante. Le duc de Saint-Simon qui avait été envoyé en mission à Madrid par le Régent de France, a plusieurs fois dressé le portrait du roi d'Espagne dans ses fameux *Mémoires* : « Philippe V n'était pas né avec des lumières supérieures, ni avec rien de ce qu'on appelle de l'imagination. Il était froid, silencieux, triste ; sobre, touché d'aucun plaisir que de la chasse, craignant le monde, se craignant soi-même, produisant peu, solitaire et enfermé par goût et par habitude, rarement touché d'autrui, du bon sens néanmoins et droit, et comprenant assez bien les choses, opiniâtre quand il s'y mettait, et souvent alors sans pouvoir être ramené, et néanmoins parfaitement facile à être entraîné et gouverné. [...] Sa piété n'était que coutume, scrupules, frayeurs, petites observances. [...] L'amour de la France lui sortait de partout. » Selon Saint-Simon, Philippe V avait mal supporté son départ de France, où il rêvait de revenir, ce qui expliquait « une maigreur et une mélancolie qui faisaient craindre la phtisie, et que sa vie ne fût pas longue ». C'est à cette extrême mélancolie que la reine Élisabeth songea à remédier en invitant à la cour le plus célèbre castrat de l'époque, Carlo Broschi, dit Farinelli. Élève à Naples de Nicolo Porpora, Farinelli avait débuté à seize ans dans des opéras de son maître, écrits sur des livrets de Métastase qui deviendra l'un de ses grands amis. Son exceptionnelle voix de soprano, son agilité et l'étendue de sa tessiture vocale en avaient fait une idole qui triompha non seulement en Italie, mais aussi à Londres où il travailla dans la troupe rivale de celle de Haendel, avant d'être appelé en Espagne par une reine qui espérait, grâce à ses talents, adoucir l'humeur d'un prince et combattre ses tendances dépressives. On disait que Philippe V détestait la musique, or c'est bien auprès du célèbre castrat qu'il trouva peu à peu réconfort et soulagement : jamais il ne se lassa de l'entendre chanter tous les soirs, à la même heure, les mêmes airs, sans en varier.

Débarqué en Espagne en 1737 pour quelques mois, Farinelli y demeura plus de vingt ans. « Farinelli, le premier châtré de l'univers, y est établi pour toujours, écrivait Charles de Brosses. Il a, soit du roi, soit de la cour, lui alimenté, désaltéré, porté, plus de 80 000 livres de rente ; cela s'appelle vendre ses effets un peu cher, sans compter que le roi a anobli lui et toute sa postérité. » Ce jugement un peu sévère paraîtra discutable, car chacun s'accorde à constater que Farinelli sut se comporter en Espagne avec la plus grande honnêteté et une délicate retenue. Le castrat qui aimait la pompe et brillait à la cour d'Espagne ne tarda pas à gagner les faveurs du prince Ferdinand et de son épouse Maria Barbara, princesse joyeuse et sensible. Mais tandis qu'il illuminait les spectacles de la cour et jouait les imprésarios, Domenico Scarlatti restait dans l'ombre. Quels rapports entretinrent le claveciniste de l'infante et le superbe animateur de l'opéra italien à Madrid ? On s'étonnera à ce propos qu'avant de disparaître, et malgré l'amitié qui l'unissait à Scarlatti, Maria Barbara ait légué par testament au seul Farinelli l'ensemble de ses livres de musique ainsi que trois des plus beaux instruments de sa collection privée, sacrifiant en quelque sorte son claveciniste, à qui elle ne laissa qu'une bague, de valeur certes, mais un simple bijou, en reconnaissance de sa « diligence » et de son « dévouement ». Scarlatti devança la souveraine dans la mort : il était trop tard. Aurait-il cédé sa place à Farinelli dans le cœur de Maria Barbara, dont il ne perdit pourtant jamais la confiance et l'amitié ? L'étonnante floraison de cinq cent cinquante-cinq sonates conçues en quelques années serait-elle une réaction à cet état de choses ?

Le talent de Scarlatti était pourtant assez reconnu pour qu'en 1738, le roi Jean V l'admette dans l'Ordre de Saint-Jacques qu'il reçut à Madrid au cours d'une cérémonie solennelle. En reconnaissance, Domenico dédia au souverain portugais ses *Essercizi per gravicembalo* gravés en Angleterre la même année. La dédicace adressée au roi ne laisse aucun doute : « La musique, réconfort des âmes illustres [...], m'a donné le bonheur de plaire au goût exquis de Votre Majesté et de pouvoir l'enseigner à votre royale descendance, qui en a maintenant toute la science et la maîtrise. La reconnaissance, en même temps que la douce flatterie d'une fierté si honnête, me pousse à en donner un témoignage public sous forme imprimée. [...] Ne dédaignez pas, ô roi très clément, un tribut comme celui-ci venant d'un serviteur obséquieux. Ce sont des compositions nées sous les auspices de Votre Majesté, au service de votre fortunée et méritoire fille, princesse des Asturies, et de votre digne frère royal, l'infant don Antonio. »

Scarlatti avait dépassé la cinquantaine : sa véritable carrière commençait.

L'année suivante, il eut la douleur de perdre sa femme, mais se remariait quelques mois plus tard avec une jeune Espagnole, Anastasia Ximenes. De ses deux mariages devaient naître neuf enfants : aucun ne fut musicien. Selon Ralph Kirkpatrick, seul l'arrière petit-fils de

Domenico, Dionisio Scarlatti y Adalma se mêla de musique au milieu du XIXe siècle.

Les dernières années de la carrière de Scarlatti se déroulèrent à l'ombre de cette cour espagnole où le roi Philippe V s'était éteint en 1746, et où régnaient encore une fois la mélancolie, le nouveau souverain Ferdinand VI étant atteint du même mal que son père, et la maladie, la reine Maria Barbara souffrant de cruelles crises d'asthme. Si les événements majeurs de la vie de Scarlatti nous sont assez inconnus, c'est sans doute parce qu'ils se sont confondus avec la vie de la cour. Et pourtant l'homme travailla intensément, créant sonate sur sonate dont il fit son pain quotidien. Il trouva néanmoins le temps de s'adonner au jeu et entre des doigts aussi prestigieux, l'argent s'envolait en fumée. D'après Charles Burney qui le tenait de Farinelli, c'est la reine Marie Barbara qui, à chaque fois, tirait son claveciniste d'embarras, et payait ses dettes de jeu. On dit aussi que dans les derniers mois de sa vie, Scarlatti était devenu si bouffi que sa corpulence l'empêchait de s'installer au clavier du clavecin. Vers 1754, il avait dirigé l'exécution d'une messe à quatre voix *a cappella* répondant au style sévère encore en usage à l'époque, mais sa dernière œuvre fut un superbe *Salve Regina* pour soprano, cordes et continuo, remarquable témoignage de ferveur mystique et de sensualité ardente.

Scarlatti, mort à Madrid, le 23 juillet 1757, fut enterré au couvent San Noberto. Un an plus tôt, était né à Salzbourg un certain Wolfgang Amadeus Mozart. Bach était mort en 1750, et il restait à Haendel deux ans à vivre. Un an et un mois plus tard, le 27 août 1758, la reine Maria Barbara s'éteignait à son tour. Fou de douleur, le roi Ferdinand VI la suivait dans la tombe en 1759. Son frère et successeur, Charles III, pria Farinelli de quitter la cour, déclarant préférer les chapons qu'on lui servait à table. Le roi, ancien vice-roi de Naples, qui avait pourtant été l'instigateur du Théâtre San Carlo, aimait peu, semble-t-il, la musique italienne. « Cet homme assurément n'aime pas la musique », écrivit Charles de Brosses. Farinelli s'en reprit le chemin de l'Italie, emportant avec lui la collection de musique et d'instruments que lui avait léguée la reine Maria Barbara. Au sein de cette collection, figuraient des sonates de Scarlatti, comme témoignages d'une existence solitaire dont on n'a pas encore percé tous les mystères.

Les sonates pour clavecin

Quelle étrange destinée que celle de Domenico Scarlatti ! D'abord obscur musicien d'église et de théâtre, n'écrivant surtout que des œuvres de circonstance, il ne révéla son génie exubérant que dans une maturité tardive, épanouie pourtant dans le confinement d'une morne cour. Comme Rameau qui ne vint à l'opéra qu'à l'âge de cinquante ans, Scarlatti attendit la cinquantaine pour livrer à la postérité les premières de ses cinq cent cinquante-cinq sonates, inestimable richesse du répertoire des clavecinistes.

Pourquoi ne conservons-nous aucun manuscrit autographe des sonates de Scarlatti ? En dehors des trente sonates, ou *Essercizi per gravicembalo*, publiées à Londres en 1738, et des quelques éditions partielles parues dans les années 1750, à Paris et à Londres notamment, on possède plusieurs sources manuscrites copiées en Espagne, dont deux séries de quinze volumes rassemblant quatre cent quatre-vingt-treize sonates pour l'une et quatre cent soixante-trois sonates pour l'autre, volumes datés de 1742 à 1757. Ils sont conservés en Italie, à Venise et à Parme, et ont probablement appartenu à la collection de musique que la reine Maria Barbara avait léguée à Farinelli. Rien ne nous autorise cependant à affirmer que toutes ces sonates furent écrites au cours de ces quinze années, et on peut imaginer que la copie suivit immédiatement la composition.

Johannes Brahms avait réuni dans sa bibliothèque plus de trois cents sonates de Scarlatti, et ce fait est d'autant plus intéressant que l'on sait que ce musicien allemand, admirateur de Haendel, fut, au XIXe siècle, l'un des pionniers de la renaissance de la musique ancienne. Collaborant avec Friedrich Chrysander, Brahms, avec un soin méticuleux et une perception exceptionnelle de la musique française, réalisa dans les années 1880 la première édition complète de l'œuvre de clavecin de François Couperin.

En réalité, même si tout ou presque tout a été dit et écrit sur Domenico Scarlatti, on sait assez peu de chose sur ce musicien hors du temps et hors du commun.

Sonates ou « exercices » ? Il est difficile de situer avec exactitude le genre des sonates de Scarlatti qui sont l'un et l'autre à la fois, encore que le compositeur, dans sa haine de la formule et de la symétrie, se soit forgé une forme et un style si personnels que toutes ses sonates sont immédiatement reconnaissables à la première audition. Chaque sonate, dit-on, est censée résoudre un problème technique, et nombreux sont-ils dans les pièces de Scarlatti. Pour Paul Dukas (auteur d'une sobre édition des sonates de Scarlatti parue à Paris chez l'éditeur Durand), « le mot « Sonata » étant pris dans son sens le plus général, pouvait ainsi désigner tout morceau joué (sonné) sur un instrument (*suonato*), par opposition à la musique chantée ». C'est encore Dukas qui écrit que les *Essercizi* « tout profitables qu'ils soient au travail des doigts, sont avant tout des morceaux de musique, d'une musique qui dut paraître aux clavecinistes d'alors aussi riche d'effet et aussi compliquée d'exécution qu'aux pianistes du XIXe siècle les *Études* de Chopin ou de Liszt ».

Scarlatti a-t-il réellement songé à faire de ses sonates des pièces à usage didactique ? On peut s'interroger sur ce point à la lecture de l'avertissement laissé en tête de l'édition londonienne de 1738, avertissement adressé au lecteur sur un ton assez familier teinté d'une certaine touche d'humour. En effet, l'auteur recommande à l'interprète de ne pas chercher dans ses sonates d'« intentions profondes », mais un « ingénieux badinage» pour s'exercer à la maîtrise du clavier. Néanmoins, la difficulté technique de certaines sonates ne semble pas les destiner à l'apprentissage d'élèves débutants, mais plutôt à des étudiants rompus à l'exercice du clavier. N'oublions pas que la reine Maria Barbara était une virtuose remarquable doublée d'une bonne compositrice. Ceci posé, on peut considérer qu'avec ses sonates, Scarlatti nous laisse une musique confidentielle composée dans l'intimité de la cour d'Espagne pour une princesse à qui l'unissait une amitié aussi sincère que réelle et un dévouement réciproque. Que savons-nous d'ailleurs de la vie quotidienne de Scarlatti au sein de cette cour sévère? Peu de choses, si ce n'est qu'il accompagna les souverains dans tous leurs déplacements à travers les résidences royales, d'Aranjuez à Madrid, du Prado à Buen Retiro, de Séville à la Granja de San Idelfonso, petit «Versailles» né de la nostalgie de Philippe V pour son pays natal. C'est peut-être à l'Escurial, où la famille royale passait l'automne, que Domenico eut l'occasion en 1752 de rencontrer le padre Antonio Soler, moine hiéronymite qui fut son élève. C'est également durant ces déplacements au cours desquels il emmenait son mobilier de voyage (qui a été conservé), et dans les ruelles madrilènes ou sévillanes où il déambula, s'enivrant de la vie fourmillante des quartiers populaires, sans doute plus que dans l'enfermement de la cour, que Scarlatti découvrit véritablement l'âme espagnole, et ce spectacle si divers d'un pays devenu le sien dut alimenter ses idées musicales.

À l'époque où Bach en Allemagne composait pour le clavecin ses *Suites françaises*, ses *Suites anglaises*, ses *Partitas* et les quarante-huit préludes et fugues du *Clavier bien tempéré*, en un siècle où en France, Couperin écrivait *Les Folies françaises, Le Rossignol en amour* ou *La Reine des cœurs* et Rameau *L'Entretien des muses* ou *Le Rappel des oiseaux*, et à l'époque où Haendel signait en Angleterre deux grands livres de suites pour clavecin et des fugues ou *voluntaries* pour clavier, Domenico Scarlatti refusait la tradition de ses contemporains, celle de la suite de danses, des portraits musicaux et des scènes de genre, pour inventer un langage à lui propre. Dans son individualité, il s'écartait finalement de l'unité de la musique occidentale de son temps, et encore une fois se distinguait de ses contemporains pour s'affirmer en totale opposition avec les musiciens de son époque.

La carrière italienne de Domenico Scarlatti avait été centrée sur la voix, sa carrière espagnole le sera sur le clavier, car il semble bien qu'en Espagne, il se consacra presque entièrement à son œuvre de clavier. Cette période espagnole a marqué le véritable tournant de sa vie, mais aussi de sa carrière. On notera à ce propos combien est différente, et radicalement différente, sa manière d'écrire pour le clavecin et pour la voix. Regrettons aussi qu'à l'heure où tant d'autres en Europe s'attachaient à laisser dans des ouvrages didactiques une synthèse de leurs théories, Scarlatti ne nous ait transmis aucun écrit de ce genre qui aurait tant pu aider l'interprète dans la compréhension de sa musique de clavecin, à l'heure où Antonio Soler rédigeait un traité, *Llave de la modulación y antigüedades de la música*, paru en 1762, traité qui suscita maintes controverses, auxquelles le musicien répondit toujours avec véhémence. Comme son maître, Soler fut nommé maître de clavecin des infants d'Espagne, enfants du roi Charles III, et comme Scarlatti, il sut leur témoigner un tendre attachement, attachement réciproque, composant « pour l'amusement » de son élève, l'infant don Gabriel, des sonates pour clavier réunies en quatre cahiers.

Par le caractère expérimental, et pourrait-on dire presque « aventureux », de ses sonates, Scarlatti, libéré du langage musical paternel, devance son époque. Ébloui par les sensations et les effets produits par ces œuvres, Charles Burney avait déjà souligné en son temps le « modernisme » de cette musique, avec lequel, ajoutait-il, le public ne s'était que très récemment familiarisé. Dans le domaine de la pure virtuosité, Scarlatti se place en dehors des limites de l'évolution que connut la musique au XVIIIe siècle. Mais ce qui reste étonnant, c'est que ce langage proprement audacieux trouve son expression dans la forme la plus simple qui soit : la sonate bipartite et en un seul mouvement. On ne s'étonnera pas qu'au début du XXe siècle, Alessandro Longo ait été dérouté par les hardiesses du compositeur napolitain, par ses dissonances qui lui semblaient inaudibles, et les ait corrigées en simplifiant une harmonie apparemment « fautive » et en surchargeant le texte musical d'indications de doigtés, de nuances, de phrasés inadaptés au clavecin.

Les audaces de musicien de Scarlatti ne sont-elles pas aussi la conséquence de son isolement dans ce monde clos et monotone de la cour espagnole, où, oubliant peut-être la neurasthénie latente d'un roi malade, il vécut pendant de longues années en totale symbiose avec sa royale élève dont le talent reconnu et la vélocité lui permettaient de se plier à toutes les fantaisies musicales de son maître. On pense ici aux redoutables airs de concert que Mozart dédia à ses interprètes féminines. Comme il y a des airs mozartiens techniquement redoutables, il y a beaucoup de sonates de Scarlatti presque

« cruelles » sur le plan technique. Réalise-t-on par exemple que plusieurs sonates deviendraient beaucoup plus faciles si, à la place de certains croisements de mains, quelquefois plus spectaculaires à voir que réellement difficiles à exécuter, on intervertissait ces mains ? Sauts, notes répétées rapides, gammes fusées, dissonances agressives, traits en tierces, en sixtes et en octaves, trilles enchaînés, accords audacieux dont on ne trouve aucun exemple dans les traités les plus avancés de l'époque, se succèdent avec exubérance dans les sonates de Scarlatti. Mais ce serait une erreur de ne considérer les sonates de Domenico que sous leur seul aspect de virtuosité, car leur fougue et leur chatoiement ne vont pas nécessairement jusqu'au rire. Scarlatti sut aussi être lyrique, nous proposant ainsi une autre facette de son talent. Telle sonate peut être mélancolique, telle autre déclamatoire, épanouie en de larges arabesques vocales, telle autre plaintive ou intime. C'est tout ceci qui fait que les sonates de Scarlatti sont géniales, à la fois sur le plan technique, avec des positions de doigts et de mains antinaturelles, et sur le plan harmonique. Mais quelle fut leur destination exacte ? Les mots latins « *Curarum levamen* » (remèdes aux tourments) inscrits au-dessus de la gravure d'un clavecin à un (ou deux) clavier sur la page de titre de l'édition originale des *Essercizi*, nous apporteraient-ils la preuve que ces sonates auraient été écrites par « Don Domenico Scarlatti, Cavaliero di S. Giacomo » pour soigner les souffrances d'une princesse à la santé fragile et aux maux chroniques ? Les sonates de Scarlatti apparaissent donc si l'on veut comme le journal intime et confidentiel de l'artiste, celui d'une vie intérieure inquiète et tourmentée, et leur univers sonore n'est pas sans affinité avec les *Caprices* gravés de Francesco Goya, dont il est si difficile de pénétrer l'énigme.

Italien transplanté en Espagne, dans un pays riche de traditions folkloriques, Scarlatti s'est laissé aller à l'ivresse des folklores espagnols et portugais : passent dans ses sonates les accents rugueux du flamenco avec ses excès et son caractère parfois dramatique, les tourbillons d'un zapateado, mais aussi ceux du rasgueado de la guitare espagnole, de la seguidilla sevillana, de la charrada castillane, de la buleria, du fandango, de la jota, du folklore andalou, lui-même animé d'éléments orientaux. Chez lui, l'*acciacatura,* ou appoggiature brève qui se frappe en même temps que la note qu'elle précède, possède une application harmonique propre à l'idiome espagnol; toutes choses que l'on retrouvera plus tard dans la musique d'Isaac Albeniz. À propos de l'*acciacatura*, Nicolas Étienne Framery écrivait en 1791 dans *L'Encyclopédie méthodique* :

« C'est, d'après les Italiens, un agrément qu'on pratiquait autrefois sur le clavecin en frappant, soit à la basse, soit au-dessus, avec la note d'harmonie, sa note inférieure ; non pas successivement comme dans l'*appoggiature*, mais simultanément pour lui donner un son moins déterminé. Ce mot vient d'*acciaccare*, qui signifie *écraser, écacher.* »

Le dessin de Scarlatti est très personnel, et son ornementation se situe hors des cadres du courant principal du processus d'évolution de son siècle. Dans une sonate, il fait entrer des appels de chasse, des fanfares de trompettes, dans une autre, des castagnettes, de la guitare, des tambours. Il bouleverse l'écriture de clavier de son temps, et en ce sens, il peut être considéré comme le précurseur de la technique moderne du clavier, mêlant dans une seule et même sonate, aux thèmes brefs, quantité de moyens techniques d'où jaillissent clusters, sauts d'octaves, notes répétées incisives, dégringolades de notes, sonorités explosives, trépignement de notes répétées, chevauchements rythmiques.

Scarlatti qui vécut à l'époque où s'édifièrent la tonalité harmonique et les formes fondées sur le mouvement tonal, met en pratique une écriture d'un modernisme saisissant et manie à la perfection l'art de la modulation. Pour Ralph Kirkpatrick, c'est « l'orientation harmonique » autour d'un axe tonal, plus que l'élément thématique, qui fixe le cadre définitif de sa sonate. Si son langage harmonique semble assez déroutant au premier abord, il chemine finalement sur un terrain connu, car son écriture harmonique, pour choisie qu'elle soit, est légère et plus simple qu'il n'y paraît à la première lecture. Scarlatti qui vit dans un monde tonal, passe à tout moment du majeur au mineur, et lorsqu'il plaque une superposition d'accords très lourds, allant jusqu'à dix sons, véritables accords de guitare qui « arrachent » le clavier, il se permet des dissonances d'une audace qui ne répond à aucune règle.

On ne sait pas sur quels instruments travailla et composa Scarlatti au Portugal, puis en Espagne, à une époque où commençait à se dessiner en Europe le passage progressif du clavecin au pianoforte : sans doute d'abord, sur les clavecins italiens, ou sur les clavecins espagnols de tradition italienne conservés à la cour espagnole, peut-être aussi sur les pianoforte de la cour. Connut-il les clavecins portugais de Joachim Jose Antunes, le facteur portugais le plus connu à ce jour, ceux de Manuel Anjos Leo de Beja, ou ceux Jacintho Ferreira de Lisbonne ? Le testament de la reine Maria Barbara mentionne plusieurs clavecins et pianoforte florentins, ainsi que plusieurs anciens pianoforte transformés en clavecin. On sait que Farinelli préférait être accompagné au pianoforte plutôt qu'au clavecin, mais on peut aussi se demander si la reine ne penchait pas davantage vers l'instrument à sautereaux plutôt que vers celui à marteaux, ce qui pourrait expliquer ces pianos métamorphosés en clavecins. Avant de mourir, Maria Barbara avait légué au castrat trois beaux instruments à clavier; c'est peut-être ceux-ci que Charles Burney eut l'occasion de voir lorsqu'il rendit visite à Farinelli dans sa retraite italienne, et, après avoir admiré l'un de ses pianoforte florentins, daté de 1730, il écrivit : « Celui qu'il préfère ensuite est un clavecin qui lui fut offert par la reine d'Espagne, qui fut une élève de Scarlatti, au Portugal puis en Espagne. Ce clavecin construit en Espagne avait une sonorité supérieure aux autres. Le troisième instrument a également été réalisé en Espagne sous sa direction. [... Ces clavecins] sont sur le modèle italien, en bois de cèdre, sauf les tables d'harmonie, et sont placés dans une seconde caisse. »

Clavecin ou piano ? Le débat sur l'interprétation des sonates de Scarlatti reste ouvert aujourd'hui. Il est certain que les grands accords et l'*acciacatura* conviendront mieux au clavecin, là où le piano pourrait « noyer » la perception sonore de ces procédés d'écriture. Le claveciniste Ralph Kirkpatrick s'est lui-même exprimé sur ce sujet : « Bien que Scarlatti soit par excellence un compositeur pour clavecin, bien que presque toutes ses œuvres pour clavier soient conçues en fonction du langage propre au clavecin, les qualités, plus importantes que les effets sonores nécessaires à une exécution adéquate de sa musique, peuvent s'appliquer à pratiquement n'importe quel instrument. » Et pourquoi pas l'orgue ? Rappelons que Scarlatti commença sa carrière en qualité d'organiste de la cour de Naples, et, s'il ne nous reste aucun témoignage musical de sa carrière aux orgues de la cour, comme le remarque Michel Roubinet, il est « toujours possible, naturellement, d'interpréter certaines (sonates) à l'orgue, bien que clavecin et orgue au XVIIIe siècle ne soient plus interchangeables comme dans le répertoire pour clavier des deux siècles précédents : les mouvements modérés, en adaptant le toucher et l'ornementation, s'y prêteront mieux ».

De douze sonates de Scarlatti, le compositeur anglais Charles Avison tira dans les années 1740 une série de douze concertos grossos.

*

« Lecteur, ne t'attends pas, que tu sois dilettante ou professeur, à trouver dans ces compositions une intention profonde, mais plutôt un ingénieux badinage de l'art pour t'exercer au jeu hardi sur le clavecin. Aucune vue d'intérêt, aucun but d'ambition ne m'a guidé, mais l'obéissance m'a porté à le publier. Peut-être te seront-elles agréables, et plus volontiers alors obéirai-je à d'autres ordres de te complaire par un style plus facile et plus varié. Ne te montre donc pas plus juge que critique, et tu accroîtras ainsi ton propre plaisir. Pour préciser la position des mains, je t'avise que la lettre D indique la main droite, et la lettre M la main gauche. Vis heureux », telle est la recommandation laissée par Scarlatti à l'interprète de ses sonates.

BIBLIOGRAPHIE SÉLECTIVE

[Accademia Musicale Chigiana] *Gli Scarlatti. Note e documenti sulla vita e sulle opere.* Siena, Ticci, 1940.

Barbier, Patrick, *Histoire des castrats,* Paris, Grasset, 1989.

Bianchi, Lino, *Carissimi, Stradella, Scarlatti e l'oratorio musicale,* Roma, Edizioni De Santis, 1969.

Biogianckino, Massimo, *The Harsichord Music of Domenico Scarlatti* (translation from Italian by John Tickner), Roma, De Santis, 1967.

Boulanger, Richard, *Les Innovations de Domenico Scarlatti dans la technique du clavier*, Béziers, Société de Musicologie du Languedoc, 1988.

Boyd, Malcolm, *Domenico Scarlatti, Master of Music,* London, Weidenfeld and Nicolson, cop. 1986.

Brosses, Charles de, *Lettres familières sur l'Italie,* Paris, Firmin-Didot et Cie, 1931, 2 vol.

Burney, Charles, *A General History of Music,* London, Printed for the author, 1776-1789, 4 vol.

Cantagrel, Gilles, dir., Darasse (Xavier), François-Sappey (Brigitte), Guillard (Georges), Roubinet (Michel), Sabatier (François), *Guide de la musique d'orgue*, Paris, Fayard, 1991.

Celletti, Rodolfo, *Histoire du bel canto,* Paris, Fayard, 1987.

Fabbri, Mario, *Alessandro Scarlatti e il Principe Ferdinando de Medici,* Firenze, L.S. Olschki, 1961.

Fienga, Pasquale, « Giuseppe Scarlatti et son incertaine ascendance directe », *Revue musicale,* XIII (1932), p. 113-118.

Fienga, Pasquale, « La véritable patrie et la famille d'Alessandro Scarlatti (Dernières recherches et documents inédits) », *Revue musicale,* X (1929), p. 227-23.

Hanley, Edwin, *Alessandro Scarlatti's Cantate da Camera : a Bibliographical Study,* Ann Arbor, UMI, 1986.

Honegger, Marc et Prévost, Paul, *Dictionnaire des œuvres de l'art vocal,* Paris, Bordas, 1992, 3 vol.

Kirkpatrick, Ralph, *Domenico Scarlatti* (traduit de l'américain par Dennis Collins), Paris, J.-C. Lattès, 1982.

Lemaître, Edmond, dir., Bouissou (Sylvie), Duron (Jean), Legrand (Raphaëlle), Leroux (Martial), Michaud-Pradeilles (Catherine), Place (Adélaïde de), *Guide de la musique sacrée et chorale profane : l'âge baroque 1600-1750*, Paris, Fayard, 1992.

Longo, Alessandro, Éd. *Domenico Scarlatti. Opere complete per clavicembalo*, Milano, G. Ricordi, 1947, 10 vol.

Machabey, Armand, *Le Bel canto,* Paris, Larousse, 1948.

Pagano, Roberto, *Alessandro Scarlatti, catalogo generale delle opere a cura di Giancarlo Rostirolla,* Torino, Edizioni Radiotelevisione italiana, 1972.

Pagano, Roberto, *Scarlatti, Alessandro e Domenico : due vite in una,* Milano, Mondadori, 1985.

Pestelli, Giorgio, *Le Sonate de Domenico Scarlatti proposta di un ordinamento cronologico,* Torino, G. Giappichelli, 1967.

Pitrou, Robert, *L'Opéra italien au XVIIe siècle,* Paris, Larousse, 1950.

Raugel, Félix, *L'Oratorio,* Paris, Larousse, 1948.

Rolland, Romain, *Histoire de l'opéra en Europe avant Lulli et Scarlatti,* Paris, 1895.

Tranchefort, François-René, dir., Halbreich (Harry), Lischke (André), Ménétrier (Jean-Alexandre), Place (Adélaïde de), Vignal (Marc), *Guide de la musique de piano et clavecin,* Paris, Fayard, 1987.

Trillat, Ennemond, éd. *Le Martyre de sainte Ursule*, oratorio inédit d'Alessandro Scarlatti, reconstitué par E. Trillat, Lyon, Éditions le Luth, 1944.

Van den Borren, Charles, *Alessandro Scarlatti et l'esthétique de l'opéra napolitain,* Paris, Éditions de la Renaissance de l'Occident, 1921.

INDEX

Table des matières

www.ingramcontent.com/pod-product-compliance
Lightning Source LLC
LaVergne TN
LVHW011713230826
846091LV00015BA/4148

9782213614687